扬州历史文化丛书

HUAMURONGKU

扬州名花

朱正海 主编

高永青 编著

YANGZHOU MINGHUA

扬州历史文化丛书

广陵书社

图书在版编目(CIP)数据

花木荣枯:扬州名花/高永青编著.—扬州:广陵书社,2006.3
(扬州历史文化丛书/朱正海主编)
ISBN 7-80694-120-7

Ⅰ.花… Ⅱ.高… Ⅲ.花卉—文化—扬州市 Ⅳ.S68

中国版本图书馆CIP数据核字(2006)第016605号

书　　名　花木荣枯(扬州名花)
编　　著　高永青
责任编辑　胡　珍
出版发行　广陵书社
扬州市文昌西路扬州中国雕版印刷博物馆附二楼　邮编 225012
http://www.yzglpub.com　E-mail　glss@yztoday.com
印　　刷　扬州鑫华印刷有限公司
扬州市江阳工业园蜀冈西路9号　邮编　225008
开　　本　880×1230毫米　1/32
印　　张　6.625
印　　数　2500
版　　次　2006年3月第1版第1次印刷
标准书号　ISBN 7-80694-120-7/K·52
定　　价　17.00元

文化的魅力

——《扬州历史文化丛书》总序

桑光裕

位于江苏省中部的扬州是国务院首批公布的24座历史文化名城之一，具有悠久的历史和灿烂的文化。公元前486年吴王夫差开邗沟，筑邗城，开启扬州建城史。扬州古为春秋邗国，后为秦朝郡，汉代发展成为一方区域中心。隋朝京杭大运河开凿后，扬州成为江南漕运和淮南盐运中心，唐时有"扬一益二"之誉。"腰缠十万贯，骑鹤上扬州。"扬州成为富庶、繁荣的象征，成为历代文人墨客时常吟咏赞颂的美丽之城，有着"淮左名都"的美誉，长期以来是人们憧憬的一座富庶城市。清代，扬州再度成为中国重要的食盐供应基地和南北漕运咽喉，扬州也因此达到了当时中国城市经济与文化发展的巅峰，成为当时的重要都会。悠久的历史造就了一方文化，孕育了一批影响过中国历史的著名人物，形成了自己独特的文化魅力，被人们称作"中华民族值得骄傲的地方"。

扬州是全国名城研究组织的主要发起城市之一，多年来一直非常重视历史文化名城的保护和建设。1991年，全国历史文化名城代表在浙江绍兴召开了第四次研讨会，会上提出历史文化名城在保护有形文化遗产的同时，还要注意保护、挖掘、整理名城的无形文化遗存，从而使名城具有更丰富、深刻的文化内涵。参加会议的扬州市领导为了宣传、研究扬州无形文化，委托设在扬州市建委（现为市建设局）的《中国名城》编辑部着手策划出版《扬州历史文化丛书》。

自此以后，《中国名城》编辑部在有关方面的关心、支持与通力合作下，充分酝酿、精心组织、深入研究，先后在江苏古籍出版社、黄山书社出版了《扬州历史故事》、《扬州历代名人》、《历代名人与扬州》、《扬州琼花》、《扬州大观》、《扬州百镇》、《盐商与扬州》、《禅院寻踪——扬州名寺》、《古巷探幽——扬州名巷》、《胜水撷芳——扬州名水》、《旧宅萃珍——扬州名宅》、《园亭掠影——扬州名园》等系列丛书，挖掘、整理出扬州历史上许多鲜为人知的人和事。丛书较为全面、系统地反映了扬州城乡文化建设的历史和现状，为更深更广地宣传扬州、研究扬州积累了材料，也为扬州城市建设注入更多的文化内涵作了很多资料方面的准备。

此次即将出版的六种新书，包括《山色有无——扬州名山》、《花木荣枯——扬州名花》、《画笔春秋——扬州名图》、《书海沧桑——扬州名书》、《亭桥烟雨——扬州名桥》、《市肆浮沉——扬州名店》，是本着对扬州历史文化与现实结合的关注而编辑的。悠久而丰厚的历史文化积淀注定了今日的社会生活、城市建设与往日文化的密切相关。在物的层面上，绿杨城郭、园林胜迹、运河风光、古街小巷、传统工艺等既是历史赠予今日的宝贵财富，也是扬州成为名城的历史依托；在人的层面上，扬州有名闻天下的民族英雄、文人学者、艺术名流、封疆大吏、富商大贾等，他们在相当长的时期内，影响着中国文化与经济的发展，扬州至今仍和他们紧紧联系在一起。正是有着这些实在的文化遗存以及人文传统等精神方面的历史宝藏，扬州才被称为“中华民族值得骄傲的地方”。《扬州历史文化丛书》着意诠释扬州城与扬州人的文化意义，着重解读扬州历史文化名城所有精神与物质方面的内涵，并由此生发出对扬州更深刻的认识，以理解扬州文化的走向，从而为扬州的现代化建设与社会进步提供参考。

编辑这套丛书，我认为是一件颇有意义的社会文化工程。它显然不只是抒发一种思古之幽情，而是努力寻求扬州文化之根。扬州几度兴衰起伏留给我们的决不仅是感慨，而是极为深刻的历史借鉴；扬州的历史地位留给我们的决不该是叹息，而应是奋进向上的动力；扬州往日的繁华决不是包袱，而应是创新的源泉；扬州今日的现代化建设也仅仅是一个起点。江泽民主席在视察扬州时亲笔题写的“把扬州建设成为古代文化与现代文明交相辉映的名城”，是扬州今后城市建设的努力方向和奋斗目标，是扬州传承古代文化、再建现代文明的强大精神动力。

当前，扬州正在朝着着力打造经济强市、文化大市、旅游名市和生态园林城市的目标前进。在扬州历史文化名城的保护与建设中，在与越来越多国内外城市的交往和交流中，我们日益感到对扬州历史文化研究的重要性和迫切性以及它对城市建设的指导意义与深远影响。研究扬州历史文化，对我们建设具有文化特色、城市个性与现代风貌的名城大有裨益。而《扬州历史文化丛书》的编辑出版，将会起到宣传扬州、介绍扬州、研究扬州的作用。在这里，我希望《中国名城》编辑部能够在原有的基础上，会同各方面的专家学者，继续努力，认真把关，选好课题，把即将出版的几本有关城市历史文化的书籍编辑好、出版好，更好地为扬州的城市建设和精神文明建设作出自己的贡献。

扬州新一轮的城市建设，在注意高标准保护古城、高起点建设新区的同时，还在努力把扬州建成交通便捷、功能完善、环境幽雅、建筑优美、风光秀丽、古城保护与新区建设相得益彰的城市，使之成为中国最具活力、最具文化、最适宜人居、最为精致的城市之一。在扬州，人们将会看到历史与现代有机融合、人与自然和谐相处、经济与社会协调发展的美好景象。我也衷心希望此丛书在围绕扬州城市建设的总目标上再下功夫，为扬州向着江泽民主席要求的“建设更加富裕、文明、秀美的新扬州”目标快速迈进提供借鉴参考，也为广大市民与外地游客了解扬州提供生动而详实的资料。

二〇〇六年三月十八日

（作者系中共扬州市委常委、扬州市人民政府副市长）

前 言

扬州是一座有着悠久花卉栽培历史的城市，由于这里地处江淮平原，地势平坦、气候湿润、土壤肥沃、水源丰富，有着栽植花卉的天然优越条件，再加上扬州一直有种花、赏花、用花、爱花的文化传统，因而在长期花卉栽培史上出现了不少名花，给许多人带来了美的享受。所谓名花应该具备大家公认的四条标准：一是分布要广泛，比较容易看到；二是外观要漂亮，让人看了难忘；三是要有较长的栽培史，有深刻的文化内涵；四要具备一定的经济价值和实用价值，使种植者有一定的经济效益。从这个角度来看，扬州名花除了市花琼花、芍药外，应该说还有菊花、梅花、牡丹等，这些都应该算是扬州的自然与文化遗产。

在近几年的城市建设中，一直非常注意美化城市，在对花文化资源的开发和挖掘、保护和利用方面也做了不少工作，这主要体现在：

一是恢复扬州琼花观。琼花观作为市区唯一以市花命名的道观，有着极其丰厚的历史文化内涵，其主要建筑已被湮没在厚厚的尘土中，许多建筑只留下了历史的痕迹。上个世纪九十年代起，扬州市人民政府就着手恢复、重修琼花观，恢复了石牌坊、大殿、廊房，重修了玉钩井，复建了无双亭，将复制的琼花真本石刻，王禹偁、韩琦、王令、欧阳修等人吟咏琼花的诗词勒石于墙壁中，增加观内的文化氛围。琼花观如今已成为扬州市一个重要景点。

二是在城市建设中注意市花、市树的栽培。城市的市花、市树没有大面积的栽培，没有得到更广泛的推广，这不利于市花、市树的宣传。自 1985 年 7 月琼花被定为市花后，一些公园、机关、学校等单位开始种植琼花；1986 年，还在文昌西路与大学南路交汇处，开辟了一座街心公园，园内遍植琼花，取名“琼花苑”，使人们在主干道旁就能见到琼花。扬州另一种市花芍药在蜀冈瘦西湖风景名胜区玲珑花界等园林景区也有了大面积的种植，它盛开的时节，吸引了成千上万的游人，真正成为扬州的品牌资源。在道路的两侧也注意到市树的栽植，盐阜路上的银杏、史可法路上的柳树都是城市建设注意市树融合到城市特色、城市风格的一个尝试。在古运河整治中还有效地保护了原有的柳树，使古运河体现了扬州的历史特色和风貌。

三是不断深入、持续地挖掘扬州花文化资料。2002 年《扬州历史文化丛书》推出了《扬州琼花》一书，将有关琼花的资料汇于一编。后来丛书之一的《扬州名园》也曾涉及园林中的花木。而近两年开展的历史文化名城解读工作，也对一些古树名木作了深入浅出的解读，并配以英文译注，让更多的中外人士了解古树的文化内涵。所有这些都是我们努力挖掘名城花文化资料的部分工作。这次我们推出的《扬州名花》一书也是这项工作的延续和伸展， 今后在条件允许的情况下，还将继续出版芍药、柳树等方面的著作，甚至将梅花、牡丹、菊花等逐步地研究、深入下去，把扬州建设成一个处处有花香、处处有市花、处处见市树的名城，使古代花文化不断得到弘扬、发展。

在城市建设中凸显花文化是我们打造文化名城的一部分，只有认真理清扬州花文化发展的历史脉络，把今天的城市建设当作历史发展中的一环，我们才有可能建成具有自己生态特色、植被个性、原生为主的绿化体系。这本书的意义还在于作者不断探索、研究扬州花文化发展的脉络，为今后城市建设注入花文化提供重要参考依据。我们希望此书的出版能够供城市建设者，特别是从事古典园林设计、古建筑历史环境营造、城市生态个性的打造的同志参考，使我们这座城市更具个性、更具古意、更具文化。

几年前，本书作者曾经组织有关专家、学者撰写我国第一部《中国花文化辞典》，对推动我国花文化研究起到了一定作用。现在他又用不少精力收集整理了扬州花文化中的名花名事、名花名胜、名花诗文、名花轶闻、名花习俗、名花开发等内容，较为全面地勾勒出了扬州花文化的轮廓，内容较为丰富，资料也较齐全，文字也较流畅，有一定的可读性。

近几年来，在扬州市委市政府的坚强领导下，经过广大干部群众的艰苦努力，扬州城市面貌日新月异，综合实力不断提高，国际影响逐步扩大，各级领导和全体市民对此给予了由衷的赞叹。建设更加富裕、文明、秀美的新扬州，是时代赋予扬州人的崭新使命。文化扬州的建设，是其中的重要一环。为建设扬州文化大市，我们愿意，也能够做一些实实在在的事情。《扬州历史文化丛书》的出版，是有益的尝试，也体现了一种责任和追求。自 2005 年年初集中出版《扬州名园》等系列图书以后，由于选题视角较好，又是一次性整体推出，产生了良好的社会影响，令我们倍感欣慰。得到读者的鼓励，我们筹划将扬州的“名”字系列图书加以丰富扩充。因为既要考虑挖掘地方文化资源、弘扬扬州优秀文化的根本宗旨，又要兼顾为今天的城市建设、名城保护工作提供借鉴与参考的现实需要，因而题材的甄别选择显得尤为棘手。经过反复商议，最后确定了包括《扬州名花》在内的六种新书。

编辑这套丛书，得到了广陵书社、扬州市政协、扬州市古城办、扬州市文化艺术研究所等多个单位的支持和帮助，《中国名城》编辑部承担具体的编务组织工作，广陵书社诸位编辑认真负责参与这套丛书的各个环节的工作，付出了辛勤劳动，还有冯汉国、邱正锋、苏勤等同志承担了具体工作，不少同志为本书提供了资料和照片，在此我一并感谢。

2006年4月

目录

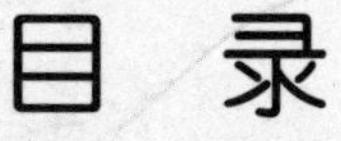

引 言

扬州名花是自然界留给这座古城的宝贵物质财富和自然遗产,那些至今存活的名花老藤、古树名木都曾印证着扬州的历史,是扬州文化遗产的组成部分,是活的文物,承载着扬州文明进步的历史信息,具有很高的文化价值。为了研究、挖掘、整理扬州历史上与花有关的人或事、诗词歌赋、风俗轶闻,我们着手编撰了这本《花木荣枯——扬州名花》,作为《扬州历史文化丛书》中的一种。

扬州名花是一个历史的概念。不同的历史时期,扬州种植过不同的重要花卉,不同的花都曾在一定的历史时期占据着扬州花木的主舞台,成为百花园里的主角。隋唐的柳树,宋代的芍药、琼花,明清时期的牡丹、菊花,近代的茉莉都有过大规模的种植,都曾引来文人墨客的吟咏。扬州名花从来就没有限定、特指过某一种花卉,而是指某一历史时期一种广泛栽植、多人吟咏、众人观赏、富有价值的花卉。

扬州名花是一个现实的概念。今天扬州的公园、广场、绿地、庭院都栽培各色花卉,包括市花(琼花、芍药),这样这种名花就成为风景区内的旅游资源, 成为城市美化的植物资源，成为科普教育的自然资源，成为市民观赏的社会资源，成为扬州经济发展的物质资源，因而扬州名花又是我们今天仍在使用的概念，它既包括市花、市树，也包括盆景、盆花，甚至包括各个家庭院内广泛种植的花卉。

扬州名花是一个发展的概念。随着文化的挖掘、科技的引入、气候条件的变异、人工栽培技术的提高、资金投入的增大，在未来发展的时空里还会涌现出更多的名花，同一种名花也会出现更多的品种。洛阳牡丹种类今天已发展到700多个，扬州只要具备一定的条件，名花的种类也能更加丰富，扬州的百花园也会更加绚丽多彩。

扬州名花在历史上有几个兴盛时期，与扬州的社会经济兴衰基本上是同步的。西汉吴王刘濞在扬州所筑的钓鱼台便有“璇渊碧树”；南北朝刘宋南兖州刺史徐湛之，在蜀冈一带刻意经营，使这里“果竹繁茂，花药成行”；唐代更是出现了“绿杨城郭是扬州”的景象，“园林多是宅，车马少于船”，“有地惟栽竹，无家不养鹅”，更是对此时花草栽培盛况的描写；宋代的种花之事更是繁多，“圃中芍药盈千畦，三十余里荷芳菲”，王观在《扬州芍药谱》中载“今则有朱氏之园最为冠绝，南北二圃所种几于五六万株，意其自古种花之盛，未之有也。朱氏当其花之盛开，饰亭宇以待来游者，逾月不绝”；到了明清，随着园林的复兴，花卉种植更为精心，郑超宗的影园更是满栽名花，清代既有“两堤花柳全依水，一路楼台直到山”，也有“十里栽花算种田”的景象。正是由于扬州一直有广种花卉的传统，才有名花产生的基础。

所谓扬州名花，我认为不能仅仅理解成扬州的名贵稀有之花，而应理解成这种花卉在广泛种植、具有独特的地方特色、在园林中享有一定的地位，与扬州地方文化有着密切的联系，甚至是扬州文化的符号和象征。从这个意义上来说，琼花、芍药两种市花作为名花是当之无愧的，此外，扬州历史上曾广泛栽培的梅花、菊花也应是扬州名花，特别是与史可法有关的梅花岭还代表着一种民族精神，应该说梅花更算是名花，因而我研究扬州名花时没有仅仅囿于两种市花，而是适当地加以延展了。

研究扬州名花应该说是一件极有意义的事情，这种意义可以概括为三点：

一是对于扬州的花卉开发有着不可或缺的推动作用。扬州名花缘于自然、历史、社会的原因，有的种植面积已大规模缩小，有的品种已逐渐萎缩变异，有的已渐渐消失在人们的视野之外，有的只能仅仅从图上、资料上寻觅到它的踪影，有的只能在他乡才会见到它的芳影。研究扬州名花对于今天开发出更多品种、更多色彩、更多味道的花卉无疑有着启发、推动的作用。利用历史上的有关资料记载，推断花卉栽培的历史，在条件许可的情况下，将历史上的名花逐步开发出来，这无疑也是这座古城复兴的一项重要举措和内容。

二是研究扬州名花，不断挖掘名花资料，完善扬州花文化体系，对于推动扬州的文化建设有着重要的作用。扬州历史上有着数千首(篇)与花有关的诗文，它们在某种意义上，在某种程度上都和扬州文化有着密切的关联，都与扬州的城市精神有着重要联系；许多与名花有关的遗址、遗迹，都是扬州历史的见证和资料，都是对扬州兴衰的最好的解读和说明；许多与花有关的轶闻、习俗都是扬州非物质文化遗产的一部分。不间断地有计划地对扬州名花加强研究，可以充实城市的文化内涵，增强文化气息，打造出一座真正意义上的文化名城。

三是研究扬州名花对于城市建设中的美化、香化、绿化，以及包括古运河在内的城区水系环境的综合整治，特别是园林建设至关重要。在复兴古城的计划中,我们既要保护现有的自然与人文遗产,又要挖掘出更多的历史遗产,使城市更加充满活力。如在古代水系两岸、古典园林内种植怎样的树木、怎样的花卉才会有利于城市个性的凸现,更能符合历史的意境;在城区道路两侧栽种怎样的树木才是历史的真实再现。研究名花无疑对于我们的古城保护与建设有着现实意义。

基于这点,《扬州名花》列出了名花概述、名花名事、名花名胜、名花诗文、名花轶闻、名花习俗、名花开发等七章,在书末还附录了扬州市区现存古树名木一览表,供读者参考。我衷心地希望通过个人的微薄研究,为扬州花文化的整体构建添砖加瓦。由于写作时间仓促,加之个人的研究能力、视野等方面的原因,本书在体系上、研究的深入上、资料的占有上、史料的运用上都存在着不足之处。在这里,我诚恳地请大家对本书的不足之处给予指正。

名花概述

人与自然界的和谐关系中，很大一部分是人与植物的相互依赖、相互联系，彼此之间构成了一个精致生物链。随着社会的发展，人类生存本领的提高，以及对植物更多的了解，人类对植物的利用也更趋多样化了，城市的绿化、香化、美化便是利用植物装饰生存环境的一个范例与途径。

扬州是一座历史悠久的文化名城，地理位置适中，气候条件适宜，植物品种多样。由于气候、土壤及人们长期积累的传统偏爱等原因，扬州有不少花卉成为中国家喻户晓的名花，这些花卉包括琼花、芍药、茉莉、梅花、桂花、荷花、紫藤等数十种，这些花卉在长期的积淀过程中所形成的特殊文化个性，成为我们这座城市的地域文化特色之一。

琼花 属忍冬科，夹蒾属，为一种非常具有扬州地方特色的庭园观赏花木。树形优美，枝叶繁茂，花色素雅，具有独特的观赏效果。为落叶或半落叶小乔木，枝条扩展，树冠呈球形。幼枝密被星状毛，老枝灰褐色。叶对生，卵形或椭圆形，先端纯而略尖，缘有细齿，背面有星状柔毛，聚伞花序，边缘有白色大型不孕花，常为八朵。中为无数两性花。当其盛开时，洁白如玉，清香扑鼻，八朵白色的花朵拥簇着淡黄色的花蕊，显得清秀淡约，犹如《扬州府志》中载:“琼花绝类聚八仙，花色微黄而色香甚。”核果椭圆形，初殷红，后转黑色，花期为每年的4~5月，果期10~11月。温带阳性树种，喜光稍耐荫，颇耐寒。喜富含腐殖壤土，但不适涝。

琼花为中国历史上罕见的名花，也是扬州具有传奇色彩的名花，历史上许多文人墨客为其写下了动人的诗篇，“隋炀帝下扬州看琼花”的故事更使此花披上了一层神秘的色彩。明人曹璿所著《琼花集》中就收集有宋以后历代文人诗篇71首。王禹偁在北宋至道二年(995)任扬州太守时，曾作琼花诗，叙文中有“扬州后土庙，有花一株，洁白可爱，其树大而花繁，不知实何木也，俗谓之琼花”。其所作诗为:

谁移其树下仙乡，二月轻冰八月霜;
若使寿阳公主在，自应羞见落梅妆。

宋人韩琦咏琼花之诗更为后人广泛传诵，其诗名为《咏后土祠琼花》，诗中有“维扬一株花，四海无同类;年年后土祠，独此琼瑶贵”名句。宋人刘敞诗中有“东风万木竞纷华，天下无双独此花……仙品国香俱绝妙，少顷高兴尽流霞”。曾任扬州太守的另一位诗人鲜于侁有“百花天下多，琼花天下稀”。与琼花有关最有名的一位文人当推欧阳修了，他在任扬州太守时，极喜欢琼花，将琼花所在地蕃釐观改名为琼花观，并在花的旁边建了一座“无双亭”，用以显示其珍奇。并作诗云：“琼花芍药世无伦，偶不题诗便怨人。曾向无双亭下醉，自知不负广陵春。”这更使琼花名噪一时，应该说琼花的名声起源于北宋时期的文人鼓噪，仅有宋一代，便有近百名诗人写过吟咏琼花的诗词，他们在诗文中特别强调琼花是扬州独一

琼花图　选自明杨端《扬州琼花集》

无二的产物，“楚地五千里，扬州独一株”(胡宿诗)，“维扬一株花，四海无同类”(韩琦诗)，至元代，仍有人这样认为，诗人陈旅在《琼花四章八句》的诗序有“琼花，广陵独有之奇树也。灵钟后土，屡枯复荣，非凡卉木所比也。”宋朝亡国之年，琼花忽然枯萎。现代花卉研究者从聚八仙与古琼花的各种生物关系推定古琼花是聚八仙的一个优良突变种。据《洪武郡志》中载：“元至元十三年(琼)朽，三十三年道士金丙瑞以聚八仙填补故地，凡元人称琼花者，皆聚八仙也。”

由于历史上隋炀帝看扬州琼花的故事流传很广，自宋以后有不少文人吟及此事，其中尤以元人张昱“懿公灭卫虽云鹤，炀帝亡隋岂独花？”最为著名。孛罗帖木儿《琼花》诗也有“炀帝巡游此，非因花远来。”而后来的王廷相更将此事喧染得极为逼真，他讲炀帝到扬“龙舟不载御林军，锦缆成行紫宫女；宫女明妆皎白雪，却爱琼花光艳艳。”明代史忠有《看琼花》“人为亡隋戒游幸，天因逆亮剪根芽”，刘原翰有“隋帝看花千里来，金人揭本剩荒台”。孔尚任的诗中也说：“琼花妖孽花，扬州缘花贵。花死隋宫灭，看花真无谓。”史学家赵翼有“一朵奇香换国家，蕃釐观里出名葩”。文人将某种花与一个王朝兴亡联系在一起，这在历史上恐怕只有琼花，牡丹恐怕还算不上。虽然历史上炀帝来扬州是为了看琼花永远只能是一种传说，但琼花毕竟因为传说和扬州永远联系在一起了。

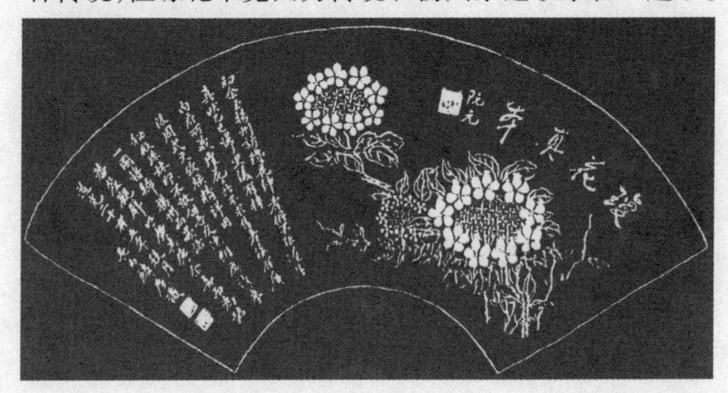

石刻《琼花真本》图

扬州博物馆所收藏的清阮元题画的“琼花真本”石刻一块，所描绘的琼花图样与我们今天所见到的聚八仙并无二致，由此推定古人所咏琼花大概是聚八仙了。

鉴于扬州和琼花的密切关系，1985 年 7 月 16 日扬州市人大第一届十六次全委会根据民意评选，决定将琼花定为扬州市市花。为发展琼花，使其遍布全市，在当时的江苏农学

1988 年第一个扬州琼花艺术节节徽

院、茱萸湾公园建立繁育基地，大面积繁殖、培养琼花。1987 年，瘦西湖公园的“水云胜概”四周种植 60 株 2.5~3 米高的琼树，成为扬州观赏琼花的胜地。琼花参加了 1987、1988 年分别在深圳、北京举办的第一届、第二届“中国市花展览”，扬州并于 1988、1991 年成功举办“琼花节”。

芍药 又名白芍、殿春花、没骨花、婪尾春、余容、犁食、将离、黑牵夷。属毛茛科芍药属，是一种著名的宿根花卉和重要的中药材。芍药枝叶繁茂，容易栽培，花型多变，花色艳丽，耐寒喜阳，忌湿畏热，适宜土层深厚、排水良好的肥活沙质壤土。在扬州每年惊蛰后萌芽出土，立夏前后放蕾开花，花期十五天，处暑前后果壳干枯，种子老熟，霜降前后枯落越冬。

芍药，在我国至少有 3000 年以上的栽培历史，自古以来被视为吉祥和爱情之花，古代青年相爱，常以红豆相赠，芍药也是如此。只因“药”与“约”偕音，便以芍药作为约会和钟情的信物。《诗经·郑风》：“维士与女，伊其相谑，赠之以芍药。”《韩诗

芍田迎夏图

外传》:“芍药,离草也,言将别离赠此草。”朱熹曾注:“芍药,立香草也,三月开花,芳色可爱,于是士女相与戏谑,且以芍药相赠而结恩情之厚也。”古代一直有“牡丹为王,芍药为相”之说。

扬州芍药的栽培始于隋唐,极盛于宋,衰于元,复盛于清,后又衰于民国。宋孔武仲在《芍药谱·序》中写道:“扬州芍药名于天下,与洛阳牡丹俱贵于时,四方之人尽皆来携金帛,市种以归者多矣。吾见其一岁而小变,三岁而大变,卒与常花无异,由此芍药之美,盖专推扬州焉。”苏轼在《东坡志林》中说:“扬州芍药天下冠,蔡繁卿为作万花会,步聚绝品十余万本于厅晏赏,旬日既残归各园。”禅智寺一带是扬州芍药栽培的中心,清宗元鼎在《拟韩魏公扬州芍药圃宴客歌》中云:“遥望禅智蜀冈陂,隋唐旧寺水涟漪。圃中芍药盈千畦,三十余里何芳菲。高园近尺灌溉肥,千花万蕊蜂蝶依。”在禅智寺所在的蜀冈坡上种植芍药的面积一定不会小，否则难以积聚十余万本绝品。孔武仲在其书中载维扬“负郭多旷土，种花之家，田舍相望……畦分离别，多者至数万根”。宋代的芍药之盛，除量多外，还出现大量的珍贵异种，出现不少重瓣名种。孔武仲《芍药谱》载：“扬州芍药，名于天下，非特以多为夸也，其敷叟盛大而纤丽巧密，皆他州所不及。”晁补之《望海潮·扬州芍药会作》描写扬州的芍药是“红药万株，佳名千种，天然浩态狂香。尊贵御衣黄，未便教西洛，独占花王”。芍药的极品为金带围，其和胭脂点玉、大富贵、铁绒紫、白玉楼台、观音石、虎皮交辉、金玉光辉合称八大名种。此花不常开，开时呈红色，花瓣边围以黄色晕纹，犹如红袍束上金带，在封建社会被视为宰相之兆。宋代曾有个“四相簪花”的故事。王观《扬州芍药谱》中记载：“今则有朱氏园最为冠绝，南北二圃所种几于五六万株。意其自古种花之盛，未之有也。朱氏当其花之盛开，饰亭宇以待来游者，逾月不绝。”明《广群芳谱》云，芍药“处处有之，扬州为上，谓得风土之正，犹牡丹以洛阳为最也”。《本草纲目》中载：“芍药，犹绰约也。美好貌。此草花容绰约，故以为名。处处有之，扬州为上，谓之得风土之正，犹牡丹以洛阳为最也。”清《花镜》说：“芍药惟广陵者为天下最。”清高士奇《北壁抱瓮录》中也说：“芍药之种，古推扬州。”古人吟咏芍药必及扬州，韩琦有“广陵芍药真奇美，名与洛花相上下”。王十朋有“千叶扬州种，春深霸众芳”。杨允浮有“扬州帘卷东风里，曾惜名花第一娇”。

至清扬州再次成为运河的咽喉，并因此繁荣起来，特别是清康熙、乾隆皇帝六下江南，盐商、官僚为迎合帝王，遍召造园名家，广筑园林，设台置圃栽培芍药，因此在扬州种花成风。《扬州画舫录》卷十五云：“筱园本小园，在廿四桥旁，康熙间土人种芍药处也。……园方四十亩，中垦十余亩为芍田，有草亭，花时卖茶为生计”。瘦西湖二十四景之一白塔晴云芍厅，也是栽培芍药的胜地。“花时植木为棚，织苇为帘，编竹为篱，倚树为关，游人步畦町，路窄如线，纵横屈曲，时或迷失，不知来去，行久足疲，有茶屋于其中，看花者皆得契而饮焉。”从设施上看，芍药景观也是颇为壮观的。据成书于清朝康熙年间的《花镜》一书记载扬州芍药品种达88种之多。《扬州府志》载：“开明桥有芍药花市。”清代学者刘开（1781—1821）曾写过他和朋友到城东看芍药时所见景象，“花前花后皆人家，家家种花如桑麻”。《扬州览胜录》卷四记载沙河芍药田时说“居民艺花为业，而尤以芍药田为大宗，阡陌纵横，弥望皆是”。臧穀曾说“禅智寺前有花市，年年异品出其中”。清代后期，芍药种植衰败，规模也锐减。

如今，二十四桥景区的玲珑花界于轩、亭、廊、台之间，湖石垒坛，广栽芍药，并命名方亭为观芍亭，而江都花荡还栽种芍药60万株。经过几年的努力引进和广泛繁殖，扬州芍药已有上百个品种，使这个历史名花再现当年风采。2005年1月，经过市人大批准，芍药被增补为扬州市花。

玲珑花界内的观芍亭

茉莉 属木樨科，常绿藻木。枝条细长，略呈藤本状。叶对生。花型有单瓣、重瓣、千层瓣等。聚伞花序，顶生或腋生，有花3~9朵，花冠白色，素净芳香。花期6~10月。别名茉莉花、茶叶花、抹历等。性喜温暖湿润，在通风良好、半阴环境下生长最佳。土壤以含有大量腐殖质的微酸性砂质壤土最为适合。畏寒、畏旱，不耐湿涝和碱土。冬季气温低于3℃时，其枝叶易遭受冻害，如持续时间长，则会死亡。为长日照偏阳性植物。

盆栽茉莉花，盛夏季节每天要早、晚浇水，如天气干燥，还需补水喷水。冬季休眠期要控制水量，以防过湿烂根或落叶。生长期间每周需施稀薄饼肥一次。春季换盆后，要经常摘心整形，盛花期后，要重剪，以利萌发新枝，使植株整齐健壮，开花旺盛。主要病虫有卷叶蛾和红蜘蛛，其危害顶梢嫩叶，要注意及时防治。

茉莉花的原产地，据晋朝嵇含所著《南方草木状》中载："耶悉茗花、末利花，皆胡人自西国移植于南海，南人怜其芳香，竞植之。末利花，似蔷靡之白者，香愈于耶茗花。"又相传唐朝高僧玄奘西行取经，回国时从印度将茉莉花树种带回中华。宋朝王十朋诗云："没利名嘉花亦嘉，远从佛国到中华。"也有传说茉莉花来自南洋诸国和古波斯。宋张邦基《闽广茉莉说》曰："闽广多异花，悉清香郁烈，而茉莉为众花之冠。岭外人或云抹丽，谓能掩众花也。”说明宋朝闽广一带早已广泛栽培。宋刘克庄《茉莉》诗云：“一卉能熏一室香，炎天犹觉玉肌凉。”茉莉被用来消夏，据《乾淳岁时记》载：当时宫中驱夏，庭内置茉莉花数百盆，以风车鼓风，满庭清凉。《武林旧事》记：“都人避暑，而茉莉为最盛。”北宋宣和年间，将茉莉列为八大芳草之一。清汪灏《广群芳谱》写道：“茉莉开时香满枝，钿花狼藉玉参差。茗杯初歇香烟烬，此味黄昏我独知。”元代诗人江奎曾有“他年我若修花史，列作人间第一香。”清朝又用茉莉窨茶，其成为四大茶花（茉莉、白兰、珠兰、代代）之一，并沿袭至今，为我国北方品茗主要茶品。更因其素净清香，或佩戴在衣襟上，作为一种清新文雅的装饰。宋杨巽斋诗云：“谁家浴罢临妆女，爱把闲花插满头。”说的就是茉莉花。

扬州栽培茉莉花，历史悠久，技艺精湛。清代林苏门在《茉莉颤》中记载当时扬州栽花习俗有“用铜丝扭成多须，上插大茉莉朵，战战然”。董伟业在《扬州竹枝词》中有“茯苓糕卖午茶风，茉莉花篮走市中”，臧穀的《续扬州竹枝词》中有“茉莉花浓插满头”，表明扬州街头到处有茉莉花香。《扬州风土记略》载：“江都南门外，花院二三，莳茉莉、珠兰、白兰、香橼花之属，专为贩户采买，制成花表等品，转售平康乐户，及闺阁媛秀，几四时无间。”建国后，文峰、堡城花农成片栽培茉莉，供茶厂窨制茉莉花花茶和串制花佩。近年因栽培成本（温室或塑料大棚维修费用昂贵）高于南方进花，以及栽培营利微薄等原因，已无人栽培。

茉莉盆栽已进入千家万户，或串制花佩装饰，或串制礼仪用花。2003 年 3 月扬州市人大将扬州小调《茉莉花》定为扬州市市歌后，更加激发了扬州人民对茉莉花的喜爱。扬州串花艺术常以茉莉花为主体，配合白兰、千日红、千日白以及松柏叶或时令花卉，串制花塔、花灯、花篮、花龙、花凤、花蝶、花鸟、花门等。更多的用茉莉花串制“花别子”插于发髻，或串制花佩，挂在衣襟。

菊花 古称鞠，又称寿客、傅公、延年、更生、阴成、金英、金蕊、黄花、秋菊、节华、女节、女华、贞芳、帝女华、日精、九华、救荒、苿、周盈、紫茎、东篱客等，菊花属菊科菊属，多年生草本，是一种著名宿根花卉和中药材。为多年生宿根亚灌木，营养繁殖苗，分地上茎和地下茎两部分，地上茎多分枝，秋后茎顶生蕾、开花，花后茎大都枯死。单叶互生，叶形分为正叶、深正叶、长叶、深长叶、圆叶、葵叶、蓬叶和船叶8类。花坐于枝顶，头状花序，内为筒状花，外为舌状花，花型有2系4类20型，花色有黄、白、绿、红、紫、紫黑、混合色等。瘦果，花期秋菊10~11月，四季菊6~10月。适应性很强，喜凉，较耐寒，忌积涝，喜地势高燥、土层深厚、富含腐殖、轻松肥沃而排水良好的沙壤土。

菊花是我国的传统名花之一，中国现有3000多个品种，有着悠久的

栽培历史和很高的欣赏价值。每当秋风萧瑟、气寒霜降、百花凋零时节，菊花千姿百态，傲霜怒放，具有不惧强暴、艰苦奋斗的高贵品质。东晋诗人陶渊明的《归去来辞》和《饮酒诗》都是咏菊名作。当时士大夫阶层，慕其高风亮节，种菊自赏，蔚然成风，夸赞菊花是"芳熏百草，色艳群英"。

扬州是菊花的重要产地之一，据《扬州览胜录》卷一载：

> 他处之菊，无不接以艾梗，取其干高而花多，殊失菊之本意。扬州之菊不接艾梗，其接艾梗者皆粗种，种于地，不入盆，以供人家插瓶之用。若盆菊则干高不盈二尺，花头只留两三，专取淡逸之致，以瘦为得菊之本真。其法盖由叶梅夫先生传之，每岁重阳前后，村妇担菊入城，填街绕陌，均以教场为聚集之所。其运出之菊，岁以数万计(指堡城)。次则以北门之傍花村、绿杨村、冶春花社，产菊亦颇盛。

扬州的菊花种类约有数百，其可分为前十大名种，后十大名种。前十大名种名曰：虎须、金铙、乱云、麦穗、粉霓裳、鸳鸯霓裳、翡翠翎、素蛾、玉狮子、柳线；后十大名种名曰：麒麟阁、麒麟带、麒麟甲、玉飞鸾、海棠魂、紫阁、杏红藕衣、玉套环、金套环、白龙须。近年又添出十种新菊，名曰：猩猩冠、醉红妆、绿衣红裳、紫宸殿、鹤舞云霄、金鸾飞舞、绿牡丹、醉宝、残霞满月、燕尾吐雪。

建国初期，由于种种原因，民间艺菊渐衰，堡城栽菊销售量也大减。1952 年 10 月，为提倡菊花栽培，每年届时在徐园举办菊花展览。1957 年 7 月 1 日建立瘦西湖公园，同年 11 月举办盛大的"扬州市菊花展览"，在徐园、小金山的各厅馆展出菊花 259 个品种，一万余盆。同时邀请堡城王老七(在云)在徐园门首剪扎一对以青松为底、上饰菊花的花狮，还邀请史可法路王瑞芝花局、广陵路水仓李乾卿、城东沙口林宝珠，

以及苏北农学院技工陈道垣、扬州师范专科学校技工周润生等艺菊高手培育的菊花珍品参展,并帮助鉴定品种,制作菊花造型。成为建国以来规模最大的一次盛会。尤其值得一提的是在公园内名菊室、品种室展出的两百多个品种。

名菊室展出的名种:

虎须、柳线、麒麟阁、麒麟甲、麒麟带、猩猩冠、绿衣红裳、鹤舞云霄、绿牡丹、醉宝、白玉狮、黄石公、二乔、十丈珠帘、黄金印、向日葵、墨荷、梨香、紫线金钩、绿云、暮云笼紫、玉环丰艳(又名盖三省)、时梅雨、不如归、天女带、嫦娥带、香妃带、杨妃带、泥金龙带、紫袍玉带、白龙带、碧云天、宇宙锋、姬百合、虎爪、金龙献爪、珑响、紫宸殿、雪蒲渔蓑、玉楼水珠、桃李争春、绿珠晓桩、紫魁、紫墨、紫霞戏金、墨云峰、鸳鸯、西施浣纱、翠盖珠帘、贵妃唇脂、苏堤春晓、国色无双、落霞、古铜如意、乳鹅、粉光阁、霞波、周鼎商彝、鹤立孤山、紫金冠、禹王冠、盛世之衣、藉衣毛菊、黄飞鸾、黄金屋、金粉世家、金剪绒、金线龙、大富贵、万卷业、粉桩楼、紫松针、青心点沙、杏花春雨、豆绿芙蓉、珍珠紫、花凤凰、紫魁龙、黄卷青灯、海底捞月、碧管珠砂、湖上月、绿柳垂波、醉仙桃、平湖秋月、夕照、黄九连环、霓裳仙子、秋月、白鹅、黄鹭鸶羽、美人衣、青光月、鼠须、梨花带雨、秦星黄、玉楼春、月华、赤龙带、醉红桩、紫霞唤月、虎爪、虎啸、织女、天机织锦、桃花扇、柳浪闻莺、凤毛麟角、天台丽色、飞紫玉兰、金龙爪、藕衣牡丹、天官袍、金丝钩、高山流水、紫艳、荔枝垂、金钩、紫光阁、赤龙腾辉、藕衣毛菊。

品种室展出的品种：

紫华托桂、紫荷花、紫玉楼台、紫燕、紫翠、金丝套环（金狮子）、金霞冠、金钩挂月、金背大红、金脸、金雀屏、黄金雀、黄金环、金黄牡丹、泥金狮子、三潭印月、满月之艳、黄龙须、血牙虎爪、泥金飞鸾、白鹤毛、燕飞、火炼金丹、胭脂点玉、沉香狮子、十二金钗、玉容翡翠、夕阳古寺、绿缨、黄霓裳、珠帘飞瀑、翠盖珠帘、落花有意、天下无敌、铜雀腾辉、鸡红伞、浇黄、八宝环、黄寿星眉、鹤颈、白荷花、银红荷花、银红笔管、银红锦座、旧朝衣、酱色狮子、大红龙须、蜜色龙须、藕衣、早白、白鹭鸶羽、水盘托翠、枫叶芦花、鹤顶红、鱼眼、耳捻、龙（岩）菊、灯下大红、青莲荷花、银红荷花、黄醉宝、闹金蟹、披纱炼金、桃花针、红旗报捷、苏堤春晓、碧云天、艳飞吐雪、雨过天晴、紫狮尾、玉楼春晓、秋色、粉红如意、白玉针、黄毛菊、金龙飞舞、金麟角、花公鸡、紫凤含珠、青心白、沉香环、佛指桃脂、醉颜、水绿松针、六月雪、紫光阁、柳莺千啭、白凤角、蜜色荷花、紫魁龙、紫玉环、紫毛菊、松汪白、平顶黄、熙春。

1959年夏，在“水云胜概”厅东端，新建温室五楹，并辟为花圃，瘦西湖公园每年届时举办盛大菊花展览，并形成传统。“文革”期间，菊花栽培受到冲击，温室曾改育茉莉，后又开辟中草药标本园，但仍保持200多菊花品种。

1982年11月1日—28日，扬州参加在上海人民公园，由中国花卉盆景协会、上海市公园管理处联合举办的有14城市参加的“第一届中国菊花品种展览”，曲江花园培育的“织女”菊花品种，荣获三等奖。

1992年11月扬州参加在无锡锡惠公园举办的有42个城市参加的“第四届中国菊花品种展览”。重点展出扬州传统名菊，通过评比，扬州展出的菊花，荣获百菊赛优秀奖（二等奖），命题插花《丰收》获三等奖。

1995年10月扬州参加在成都人民公园举办的有46个城市参加的“第五届中国菊花品种展览”，荣获百菊赛一等奖，并在专项品种奖中荣获二等奖两盆、三等奖两盆。

1998年10月扬州参加在合肥逍遥津公园举办的有145个单位参加的“第六届中国菊花品种展览”；2001年10月参加在南京玄武湖公园举办的有32个城市参加的“第七届中国菊花品种展览”，均获得良好成绩。

瘦西湖公园菊圃2004年10月参加上海浦东新区世纪公园举办的“第八届中国菊花展览”，取得了更好的成绩，扬州菊花重振了往日的雄风。

扬州人栽培菊花已有一千多年历史。经若干代花农（花工）的精心培育，菊花的品种不断出新，目前已有1300多种。以花瓣的形状可分为纹瓣、武瓣、管瓣等几大类，颜色有黄、红、粉红、紫、绿、白等。

每到深秋季节，花农们肩挑着菊花担，走街串巷卖花。小板车普及后，不少人改用板车拉菊花，到菜市场卖或在路口出售。自1975年起,每逢菊花盛开季节,瘦西湖公园都要举办菊花展览。至今,扬州仍有一定规模的种菊面积。届时,朵朵“百花发里我不发,我若发时都吓杀”的菊花,竞相展开美丽的花容,争奇斗艳,千姿百态,迎接前来观赏的游客。

荷花 睡莲科,莲属。中国十大传统名花之一,乃炎炎盛夏中的精灵,又名芙蕖花、水芙蓉、水芸、泽芸、玉芙蓉、六月春、菡萏、荷华、菱荷、朱华、花君子、净友、莲花、芙蓉、藕花、水芝、水旦、水华、玉环等美称,别名之多在百花中极为罕见。明代叶受的《君子传》,给荷花以“花中君子”的美称。荷之美千年不朽,荷之情千年不渝。自古以来,人们对荷花的褒奖和赞美不胜枚举。荷花色泽清丽,花叶均有清香,古诗中有“粉光花色叶中开,荷气衣香水上来”。魏晋著名文学家曹植的《芙蓉赋》把荷花推为群芳之首;唐朝著名诗人王勃的《采莲赋》寓意高深,韵味隽永;宋朝的理学家周敦颐在《爱莲说》中写下了“出污泥而不染,濯清涟而不妖”的名句,将荷花的高傲风骨、雅然情致刻画得淋漓尽致,成为咏荷的千古绝唱。

扬州栽培荷花,历史悠久。早在唐天宝元年(742),扬州大明寺鉴真大和尚率弟子东渡日本,屡遭失败,直至天宝十二年(753)第六次航行,终于实现了东渡扶桑弘法的宏愿。鉴真大和尚带去红色重瓣莲花和白色单瓣莲花，栽植在其创建的奈良招提寺内，后被命名为唐招提寺莲和唐招提寺青莲。

清代扬州园林，以康熙年间所建八大名园、乾隆年间瘦西湖沿湖所建湖上二十四景为著名，造园名家运用我国造园艺术手法，随形得景，互相因借，利用桥、岛、堤岸划分，使狭长的湖面形成层次分明、曲折多变的湖光山色，在依山临水筑湖上园林时，更以园中小院相套自成体系，因地制宜地注入荷文化，还引借历史胜迹和自然景色为主题，以匾额、楹联、题咏，画龙点睛地组成一区胜景。在湖上二十四景中，就有以荷花为主题的“荷浦薰风”一景。《扬州画舫录》卷十二载：“荷浦薰风在虹桥东岸，一名江园。乾隆二十七年，皇上赐名净香园，御制诗二首。一云：‘满浦红荷六月芳，慈云大小水中央。无边愿力超尘海，有喜题名曰净香。结念底须怀烂漫，洗心雅足契清凉。片时小憩移舟去，得句高斋兴已偿。’”在描绘“荷浦薰风”景观时云：“桥西为荷浦薰风，桥东为香海慈云，是地前湖后浦，湖种红荷花，植木为标以护之；浦种白荷花，筑土为堤以护之；堤上开小口，使浦水与湖水通。上立枋楔，左右四柱，中实香海慈云之额，为尹相国继善所书。”可以想象“荷浦薰风”前湖后浦红、白荷花的盛景是何等之美，才激发乾隆题诗赐名，为相国助兴书写枋额。乾隆二十二年(1757)巡盐御史高恒为“跨保障湖(即瘦西湖)南接贺园(康熙年间八大名园之一)”，北接泰安茶亭，在莲花埂上建筑莲花桥(今俗称五亭桥)。设计者(或画师、或工匠)可谓用心良苦，《扬州画舫录》卷十三载：“莲花桥……上置五亭，下列四翼洞，正侧凡十有五。月满时每洞各衔一月，金色滉漾。”上置的五亭如浮出湖面的五朵盛开的荷花，莲花埂上建成莲花桥，莲花桥上建五金莲，莲花桥的独特造型成为中国亭桥建筑典范，扬州的城徽。瘦西湖湖上园林，更以园中小院相套自成体系，因地制宜地注入荷文化，湖上二十四景之一梅岭春深（今俗称小金山），《扬州画舫录》卷十三载：

梅岭春深即长春岭，在保障湖中，由蜀冈中峰出脉者也。丁丑间，程氏加葺虚土，竖木三匝，上建关帝庙。庙前叠石马头，左建玉板桥，右构岭上草堂（后改湖上草堂）。堂后开路上岭。中建观音殿。岭上多梅树，上构六方亭。……堂东构舫屋五楹，筑堤十余丈，北对春水廊，南在湖中。……堤尽构方亭（即今吹台），为游人观荷之地。莲市散后，败叶盈船，皆城内富贾大肆春时预定者。花瓣经冬，风干治冻疮最效。

光绪年间整修时除岭上观梅，更突出沿湖赏荷情趣，至今仍保存昔日楹联，《扬州画舫录》卷十三中提及的“右构岭上草堂”，堂前楹联：“莲出绿波桂生高岭，桐间露落柳下风来。”湖上草堂东侧琴室楹联：“一水回环杨柳外，画船来往藕花天”，更是描绘画舫穿梭荷花世界中的藕花天胜景。湖上草堂西侧绿荫馆楹联：“四面绿荫少红日，三更画船穿藕花”，描绘的还是三更画船穿藕花。一是藕花天，一是穿藕花，用楹联

五亭桥畔荷叶田田

形式描绘荷花胜景，通过精炼的文学语言表现胜景境界和情调，激发欣赏者思想共鸣，并对景生情，寻意探胜。瘦西湖上二十四景有莲花桥，有用楹联形式描绘藕花天的梅岭春深。《扬州画舫录》卷一还记载：湖上二十四景之一平冈艳雪，“……水局益大。夏月浦荷作花，出叶尺许，闹红一舸，盘旋数十折，总不出里桥外桥中。……山地种蔬，水乡捕鱼，采莲踏藕，生计不穷”。湖上二十四景之一蜀冈朝旭，《扬州画舫录》卷十五则记载：“是园池塘本保障湖（即瘦西湖）旁莲市，塘中荷花皆清明前种，开时出叶尺许，叶大如蕉，周以垂柳幂罗，广厦窗寮，避暑为宜。”乾隆盛世瘦西湖湖上园林以荷为主题的荷花胜景，丰富多彩，绚丽多姿，不仅丰富夏日湖上胜景，还注入荷藕文化内涵。

乾隆御驾“荷浦薰风”，题诗赐名，也许受其“圣祖”康熙影响，《扬州画舫录》卷十三载：“莲性寺在关帝庙旁，本名法海寺，创于元至元间，圣祖（指康熙）赐今名，并御制《上巳日再登金山》诗一首，书唐人绝句一首，临董其昌书绝句一首。上赐‘众香清梵’匾，皆石刻建亭，供奉寺中。”康熙将法海寺赐名莲性寺，一因佛理，另一和爱莲有关。

乾隆盛世瘦西湖二十四景，于咸丰年间（1851—1861）被毁。建国后，在保护、整修、建设蜀冈—瘦西湖风景名胜区过程中，仍尽力保持原有荷花特色，“荷蒲薰风”后仍满浦绿波，莲花桥成为省级文物保护单位，“梅岭春深”沿湖重现昔日三副楹联。惟“瘦长如绳”的湖面，为保持旅游画舫航道畅通，已不再栽荷，只在湖湾或沿湖池塘加以点缀。

扬州市在荷花池公园建成品种荷药的生产培育基地，引种品种荷花二百多种，缸栽数量达五千缸，池植荷花十五亩。并在全市多处景点，如瘦西湖、文津园、何园、个园、茱萸湾公园等处，增设荷花观赏区，吸引大批游人驻足游赏。

飞雪化春水

梅花 中国十大名花之首，民国年间曾被列为中国国花。又名春梅、红梅、绿梅、香梅、紫梅、干枝梅等。为蔷薇科李属，落叶小乔木，于早春花先后叶，成为“凌寒独自开”的二十四番花信之首。中国梅花现有300多个品种，按枝姿、花型及花色、萼片等性状，归纳为3系（真梅系、杏梅系、樱李梅系）5类（直枝类、垂枝类、龙游类、杏梅类、美人梅类）16型（江梅型、宫粉型、玉蝶型、朱砂型、绿萼型、洒金型、黄香型、单粉垂枝型、残雪垂枝型、向碧垂枝型、骨红垂枝型、玉蝶龙游型、单杏型、耒后型、送春型、美人梅型）。古代野梅出自西南山区，尤以滇、川两省最为普遍。现在梅花的栽培，主要分布于长江流域，并逐步向南延伸到珠江流域，向北至黄河、淮河一带。目前以艺梅、赏梅著称的，有武汉磨山、无锡梅园、苏州光福、南京梅花山、成都草堂、杭州孤山及超山、昆明西山及黑龙潭、上海淀山湖等地。

我国人民自古用梅、爱梅、赏梅、咏梅、艺梅，有着深厚的民族感情，把松、竹、梅誉为“岁寒三友”，把梅、兰、竹、菊合称“四君子”。梅花在水中孕蕾，雪里开花，不畏严寒，独步早春，是刚强意志和崇高品格的象征。古人认为梅具有四德五福。四德：初生蕊为元，开花为亨，结子为利，成熟为贞；五福：快乐、幸运、长寿、顺利、和平。我国历史上许多民族英雄、革命家、爱国志士都爱用梅花的形象、气质比拟自己的意志和胸怀。1919年，梅花曾被尊为中国国花，据说梅花五瓣象征汉、满、蒙、回、藏五族大团结。

梅花原产我国，果实、叶、根、梗、核仁都可作为药用。其栽培大约起于商代，距今已有4000年的历史。考古学家曾在河南安阳殷墟遗址中发掘出炭化了的梅核，说明早在3200年前，梅树已在我国黄河流域一带生长。长沙马王堆汉墓出土的文物中，也发现保存完好的梅核、梅干，同时出土的竹简上记有梅、脯梅和无梅字样，表明在西汉时期，长江流域地区已用栽种的梅果加工食品。可见我国栽培梅树是从作为食品

清王素绘棣园十六景之梅馆讨春

的果梅开始的。古籍中记载观赏梅花大约是在秦汉以后。《西京杂记》提到汉武帝修建的“上林苑”已有朱梅、胭脂梅、候梅、同心梅、紫蒂梅、丽友梅、紫花梅等观赏梅花品种。隋、唐、五代，梅花栽培渐盛，品种逐步增多，艺梅、咏梅之风随之兴起。杜甫、李白、韩愈、杜牧、柳宗元、白居易、张九龄、李商隐、

陆游、刘克庄等诸多诗词名家，留下大量咏梅名篇。宋元两代，是我国艺梅的兴盛时期，除梅花诗文外，梅画、梅书纷纷问世，艺梅技艺也大有提高，爱梅之风特盛。北宋的林逋隐居杭州孤山，植梅放鹤，以“梅妻鹤子”而怡然自得。他的咏梅名句“疏影横斜水清浅，暗香浮动月黄昏”，成为千古绝唱。南宋诗人范成大曾在苏州石湖辟园植梅，搜集梅花品种 12 个，约在 1186 年写成世界上第一部梅花专著——《梅谱》。元代的王冕爱梅成癖，他的墨梅画及墨梅诗均名扬天下。明清两代，艺梅规模进一步扩大，梅花新品种大量涌现。明王象晋的《群芳谱》记载梅花品种 20 个，清人陈淏子的《花镜》记有梅花品种 21 个，其中的台阁梅、照水梅均为前所未有的新品种。清代“扬州八怪”中的金农、李方膺等都以善画梅而著称。辛亥革命后，上海黄岳渊、黄德邻父子合编的《花经》中，有梅花的分类专章。用科学方法整理中国梅花品种的，则以曾勉教授 1942 年发表在英文专刊上的《梅花，中国的国花》为始。

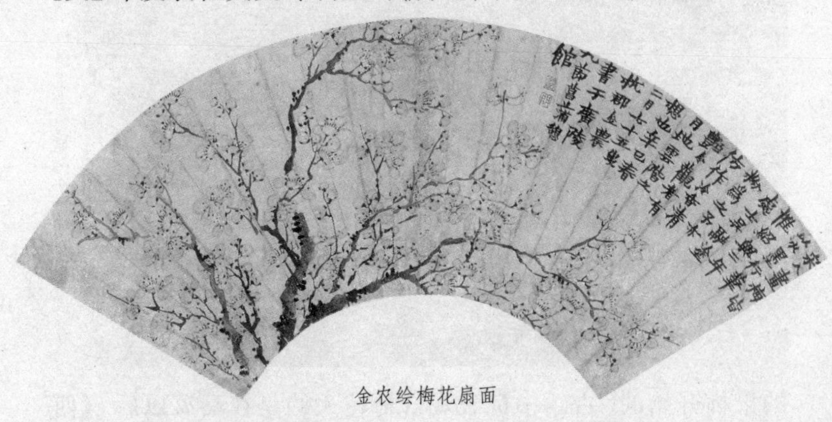

金农绘梅花扇面

梅花是我国传统名花中最长寿的花卉，国内至今还留有不少古梅。湖北黄梅县江心古寺留有一棵晋梅，距今已有 1650 余年；浙江天台国清寺有一株隋梅，至今约有 1300 余年；昆明黑龙潭的紫极玄都观内有一棵唐梅，距今已有 1200

余年;杭州的超山大明堂前有一棵宋梅,距今亦有900年。

扬州历史上是梅花盛开的城市。隋炀帝在扬州筑迷楼,后宫宫女侯夫人曾作有《看梅》二首,其中有"庭梅对我有怜意,先露枝头一点春",说明迷楼里栽有梅树。北宋词人秦观在《赏梅》词中描写了他在扬州聚会时赏梅的情景,"扬州,春兴动,主人情重,招集吟豪。信冰姿潇洒,趣在风骚"。南宋词人方岳在扬州所作《月中观梅》中有"何物苍头不自量,踏梅踏月上山堂?"应该来说,已有人在扬州踏梅寻春了。

到了明清,扬州除有著名的梅花岭,因埋有史可法的衣冠冢而闻名,还有扬州郡署的梅花,清人金敬敷就作有《扬州郡署梅花》一诗。平山堂的梅花也曾引起诗人诗兴大发,"两树药栏中,清香扑佛面。红者已微梢,白者枝犹恋"(清·孔尚任),"不种牡丹种梅朵,殢财人亦厌繁华"(乾隆诗),乾隆还在诗中自注:平山向无梅,兹因南巡,盐商捐资种万树,既资清赏,兼利于民,故不禁也。正是由于皇帝的欣赏,因而在筱园、秋雨庵、东园、上方寺、高旻寺、题襟馆等到处有梅花的踪影,清人臧穀记载东阁,"绕屋梅花三百树,年年把酒对春风"。另一位文人常海天在记述南园八景中便有"梅亭香雪"一景。据《扬州画舫录》、《扬州名胜录》等书载,扬州春天有梅花花市,李斗曾住过的翠花街的纻秋阁,"阁外种梅十数株",静香书屋后也是"梅花极多"。清代秀才张缱(字饮源),据《扬州画舫录》卷四载,其"精刀式,谓之张刀,善莳花,梅树盆景与姚志同秀才、耿天宝刺史齐名，谓之三股梅花剪”。总之，清代是扬州梅花种植鼎盛时期。清代梅花岭史公祠、蜀冈万松岭香雪梅、小金山梅岭春深等处为梅花集中之地，现已不存。今梅花岭史公祠、蜀冈大明寺、何园、荷花池、茱萸湾、盐阜路等处均有春梅，为建国后陆续栽植。

桃花　蔷薇科李属，落叶小乔木。又名毛桃、白桃。三月下旬开花，花有单瓣、重瓣，色有白、红、粉红、复色等。原产我国北部和中部。根据果实品质和花、叶的观赏价值而分为食用桃和观赏桃两大类。常见的观赏桃变种有：白桃、白碧桃、碧桃、绛桃、红碧桃、复瓣碧桃、绯桃、洒金碧桃、紫叶桃、垂枝桃、寿星桃、塔形桃等。桃树是我国传统的园林花木，先花后叶，烂漫芳菲，妖艳媚人。在我国传统园林中，常成片栽植，构成“桃花山”、“桃花坞”、“桃花园”等景观。在单株栽植中，常与垂柳相间，布置于湖边、溪畔、河旁，桃红柳绿，春意盎然。或桃竹混栽，形成“竹外桃花三两枝”的画境。古人常把桃、李比喻成学子，称之为“桃李满天下”，因而校园内多有植桃李者。桃花在我国已有三千多年的栽培历史。早在《诗经》中就有“桃之夭夭，灼灼其华”的诗句。春秋时的《尔雅》、北魏贾思勰的《齐民要术》、唐代段成式的《酉阳杂俎》、明代王象晋的《群芳谱》以及清初陈淏子的《花镜》等都有关于桃花的记载。晋代陶渊明的《桃花源记》更是为后人描写了一个宛然如画的世外桃源。

扬州桃树种植比较广泛,桃花较为常见。扬州八怪之一的汪士慎寓居扬州期间曾专门到铁佛寺去看桃花，并作有《铁佛寺看桃花,拈得九青》一诗,其中有“松涛喧古寺,花雨湿残经。不信是空色,欣来倾酒瓶”;“风回曲巷入招提,千树桃花夹岸齐”(清范仕义诗)，描写的都是观看扬州桃花的感慨。扬州观桃主要集中在瘦西湖的桃花庵、桃花坞一带。清末,陈金诏《桃花庵观桃三首》中有“白白红红数十株,夭斜亦白玉米肤”;“桃花坞畔桃花水,水自东流花自开”(韩日华《扬州画舫词》)。桃花庵又名临水红霞,这里“植桃树数百株”;桃花坞“在长堤上,堤上多桃树,郑氏于桃花丛中构园”(《扬州名胜录》卷三)。与桃花坞毗邻的扫垢山,“居人多种桃树。北郊白桃花,以东岸江园为胜,红桃花以西岸桃花坞为胜”(《扬州画舫录》卷十三)。

西门城外桃园及瘦西湖桃花坞(今徐园)原为桃花集中之处,现已不存。建国初在长堤春柳、1984 年在盐阜路、1988

桃花坞

年在小秦淮河岸和古运河河岸均有补植，蜀冈西峰生态公园内亦植有大量桃树。

桂花　为木犀科木犀属，多年生常绿灌木或小乔木。又名木犀、岩桂、丹桂、九里香、金粟等。农历八月开花，逾月不绝，香飘四方，桂花花朵可入药，可提炼香精，还可调制各种饮料和食品。现在桂花的栽培品种，武汉有 39 个，南京有 13 个，上海有 10 个。至今仍沿用李时珍《本草纲目》四大分类法。将花分为银桂、金桂、丹桂、四季桂。桂花原产云南，贵州、四川、湖南、湖北、广东、广西、江苏、浙江等省。现在西南、两广尚有野生桂林，如四川大邑县大飞水风景区，有一片占地 1000 多亩的原始桂林，生有桂树 6 万余株，最大单株直径达 42 厘米。

桂花是“独占三秋压众芳”的秋花之冠。中国的桂花，中秋的明月，自古就有许多优美的传说。桂花常被喻为幸福的象征。称誉良好的儿孙为桂子、桂孙。在历代的科举制度中，许多人梦寐以求的登科及第，就被称为蟾宫折桂。桂花也曾被作为吉祥、友好的馈赠品。战国时，燕、韩两国就曾以互赠桂花表示友好睦邻。现在我国盛产桂花的地区，青年男女还是互赠桂花，表示爱慕之情。宋代爱国名相李纲，最喜爱桂花的气度和品格，晚年退居福州时，其书房就命名为桂斋，植桂以明志。民族英雄林则徐在福州西湖荷亭旁修建李纲祠时，在祠旁筑了桂斋，以表达继承李纲遗志之愿。

我国桂花的记载，最早可以追溯到汉朝。《太平御览》卷九五七中就引《淮南子》“月中有桂树”的说法。唐代小说中的吴刚伐桂之说，更是我国民间流传甚广的美谈。段成式《酉阳杂俎·天咫》载：“旧言月中有桂，有蟾蜍。故异书言，月桂高五百丈，下有一人常斫之，树创随合。”将桂花与月宫、嫦娥、吴刚联系在一起，富有神秘传奇的色彩。唐宋之问《灵隐寺》诗中的名句:“桂子月中落,天香云外飘。”吟诵的就是此事。

早在《楚辞·招隐士》中就云:“桂林丛生兮山之幽,偃蹇连蜷兮枝相缭。……猿猿狝群啸兮虎豹嗥,攀援桂枝兮聊淹留!”《楚辞·九歌》中还有“援北斗兮酌桂浆”等句。晋葛洪《西京杂记》载:“汉初修上林株,群臣远方各献名果异树,有桂十株。”说明早在两千多年前,桂树就用于园林栽培了。现陕西汉中市圣水寺内还有汉桂一株,相传为公元前206年汉代名相萧何手植。其主干直径达232厘米,树冠覆地面积400多平方米,依旧枝繁叶茂,苍劲雄伟。唐宋以后,桂花已被广泛用于庭园中栽培观赏。唐代李德裕《平泉山居草木记》中说:“己未岁又得……永嘉之紫桂,剡中之真红桂(即丹桂)。”李白在《咏桂》诗中则有“安知南山桂,绿叶垂芳根。清阴亦可托,何惜树君园”之句。宋梅尧臣诗句“山楹无恶林,但有绿桂丛”,是说临轩植桂;欧阳修《谢人寄双桂树子》诗句“晓露秋晖浮,清阴药栏曲”,则暗示桂花已移植到诗人庭院中的芍药栏杆旁;宋代毛滂《桂花歌》中“玉阶桂影秋绰约”句,是说在玉色的台阶前植桂;元代倪瓒《桂花》诗中“桂花留晚色,帘影淡秋光”之句,是指在窗前植桂。可见,唐宋以来桂花已被广泛应用于私家园林中。明文震亨的《长物志》还对桂花的栽培、配置、应用等作了系统的记载。桂花的故乡在中国,现在各地还留有许多古老的桂树。除陕西汉中的汉桂外,还有江苏常熟兴福寺中的唐桂、浙江嘉兴的明桂;另外杭州西湖满觉陇一带,连绵数里都是古老的桂树,花时满山芳香,连栗子也熏染了桂花的香味,由此而盛产名闻中外的桂花栗子。许多地方的得名,都同桂花有关。如广西桂林,就是因广种桂花而得名。据《成都古今记》中载,古代成都一带,把每年的八月定为桂花会,至今仍有用桂花命名的桂花街、桂花巷。

扬州桂花树栽种也比较广泛。清人赵怀玉所作《平山堂探桂歌》中有"花前坐久有殊契，吾无隐尔香闻乎"。徐鸣珂在《秋雨庵小集看桂》诗中自注：庵外隙地即寺僧彻达荼毗塔院，周围植以桂。在莲性寺、史公祠、个园等处也都有桂花，清人严镜清的《广陵杂咏百首》中有"法海寺中看老桂，更听曲子唱昆腔"。在清代莲花桥的小屿上，据《扬州画舫录》卷十四载"种桂数百株，构屋三楹……屋前缚矮桂作篱，将屿上老桂围入园中"。这里可以说是扬州桂树最集中的地方。金粟庵，李斗说"是地桂花极盛。花时园丁结花市，每夜地上落子盈尺，以彩线穿成，谓之桂毬；以子熬膏，味尖气恶，谓之桂油，夏初取蜂蜜不露风雨合煎十二时，火候细熟，食之清馥甘美，谓之桂膏；贮酒瓶中，待饭熟时稍蒸之，即神仙酒造法，谓之桂酒；夜深人定，溪水初沉，子落如茵，浮于水面，以竹筒汲取池底水，贮土缶中，谓之桂水"(《扬州画舫录》卷十二)，可以说形成系列桂字产品。目前桂花以瘦西湖小金山为大宗，史公祠、何园、萃园、运司公廨等处共有百年生桂花 16 株。1988 年又在琼花园布植桂花。

牡丹　又名鹿韭、鼠姑、白术、百两金、木芍药、洛阳花、富贵花、谷雨花等。为毛茛科芍药属，多年生落叶灌林，一般四至五月开花。牡丹原无名，形似芍药，故有木芍药之称，然芍药为草本，牡丹为木本，二者有很大的区别。如今我国约有牡丹品种 500 余个。属于 1949 年以前的老品种，有姚黄、魏紫、二乔、豆绿、胡仁、一品朱衣、烟笼紫、青龙卧墨池、昆

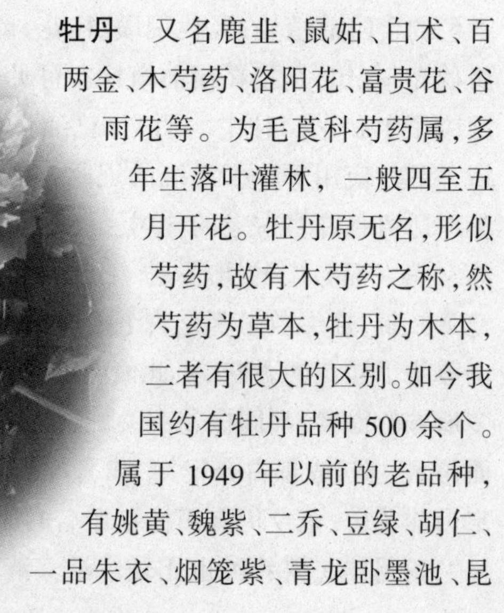

山夜光、娇容三变、酒醉杨妃、金轮黄、梨花雪、金玉交辉、白玉、蓝田玉、赵粉、银粉金鳞、璎珞宝珠、掌花案、露珠粉、大红剪绒、脂红、种生红、状元红、墨魁、葛巾紫、粉蛾娇等。1949年以后选育出来的新品种296个，有春红争艳、紫墨双辉、飞雪迎春、粉中冠、山花烂漫、仙鹤卧雪、紫蓝魁、冠世墨玉、蓝海碧波、迎日红、朝阳红、蓝宝石、桃李艳、彩云映日、醉玉、香月、紫绡艳妆、粉蓝托桂、报春红、银红多变等。其中以姚黄和魏紫最为著名和古老，前者花大色黄，香气扑鼻；后者色呈正紫，晶莹端丽，两者有“花王”、“花后”之称。汉语中有“姚黄魏紫”的成语，泛指牡丹的好品种，常为古诗所用。牡丹花瓣有单瓣、半重瓣和重瓣之分。花型有单瓣型、荷花型、葵花型、玫瑰花型、牡丹花型、扁球型、圆球型、长球型、绣球型之别；花色则有白、黄、粉、红、紫、黑、绿及混合等色。我国牡丹种植资源极其丰富，分布区域广泛。陕西、甘肃、四川、山西、山东、河南、安徽、浙江等省自古有之。云南、西藏也有它的不同“种”的自然分布区。全国著名的产地，有河南洛阳牡丹、四川天彭牡丹、山东菏泽(曹州)牡丹、安徽亳州牡丹等。

牡丹品种丰富，花型多变，色彩绚丽，古有“色可销魂、态可醉心、大可悦目”之谓。堪称花中一杰，是富贵吉祥、繁荣幸福的象征。自唐至清约有230多位名家，撰有牡丹诗词近600首，赋、谱及记叙故事70多篇。牡丹很早就被广泛种植于花园、庭院和风景名胜区。但它最初由野生变栽培的过程，还是自人们发现了它的药用价值开始的。魏吴普《神农本草经》载，牡丹的根皮可以入药。在甘肃省武威市发掘的东汉早期墓葬中，发现医药竹筒数十枚，其中有牡丹治疗“血瘀病”的记载。说明我国认识牡丹当在秦汉以前。作为药用植物，在我国已有2000余年历史。

牡丹原产我国西北秦岭和伏牛山中，而作为观赏植物栽

洛阳牡丹种植园

培，则始于南北朝。据唐韦旬《刘宾客嘉话录》记载："北齐杨子华有画牡丹极分明。"又据《太平御览》谢康乐说："南朝宋时，永嘉（今温州一带）水际竹间多牡丹。""牡丹"这一名称的发现，标志着牡丹栽培史的开始。明代李时珍《本草纲目》说："牡丹虽结籽而根上生苗，故谓'牡'（谓无性繁殖），其花红故谓'丹'。"这说明牡丹栽培历史是从药用开始的。牡丹园艺化栽培始于隋代。据唐韩偓《海山记》中有"隋炀帝辟地二百里为西苑，易州（今河北省境内）进二十箱牡丹"的记载。唐代牡丹盛于长安（今西安），白居易《买花》诗中，形容栽培牡丹已达到"家家习为俗，人人迷不悟"的程度。唐代洛阳牡丹也盛极一时，有"洛阳牡丹甲天下"之说。北宋后，洛阳战乱频繁，牡丹的许多品种南迁。到了南宋，四川天彭（今彭县）又成为牡丹的盛产地。陆游的《天彭牡丹谱》中记述当地有 65 个牡丹品种，并称："牡丹在中州，洛阳为第一；在蜀，天彭为第一。"明代牡丹的栽培亳州最盛。薛凤翔的《亳州牡丹表》、《亳州牡丹史》中，列举了 267 个牡丹品种，其中的"绿花"、"黑剪绒”,属稀有的名贵品种。清代山东曹州(今菏泽)一跃而为全国最著名的盛产地,直至民国初年,一直享有“牡丹之乡”的盛誉。然而,1933 年由于黄河缺口,曹州牡丹全被湮没。其他各地的牡丹,因当时经济社会方面的原因,也日益残败凋零。建国后,洛阳牡丹的栽培又重新获得了发展,品种由原来的 30 多个增加到 700 多个,数量由不足千株发展到 30 余万株。近年来,洛阳还培育成功了黑牡丹、豆色绿和能在严冬开放的洛阳红等新品种。菏泽牡丹栽培面积已有 3000 余亩,260 万株,400 多个品种, 近年又建立了千亩之大的“曹州牡丹园”。1978 年 1 月在澳门举办中国牡丹花展时,展出曹州牡丹 2000 株,被誉为“牡丹盛会四百年首见”。至今中国仍是牡丹的世界栽培中心。

扬州种植、栽培牡丹的园林很多,明末清初诗人刘应宾在扬州所作的《牡丹》诗注中载:扬州有仙牡丹。而他在《仙牡丹》一诗中说:“八十看花花正茂,花朝诞日更佳辰。缘何琼岛飞来种,不爱少年爱老人。”“扬州八怪”之一黄慎有《平山堂看牡丹》诗,“平山三月春将半,蚁织游人看鼠姑”,鼠姑就是牡丹的别称, 此诗描写当时人们三月到平山堂看牡丹的情

何园内牡丹花盛开

景。其外康山曾开过并蒂牡丹，重宁寺、天宁寺、宝轮寺、圆通庵、吉祥庵、桃花庵等处都植有牡丹，有专门的诗文吟咏，在专门种花的傍花村也种有牡丹，清末王士明的《傍花村余氏看牡丹题壁二首》："散步孤村看洛花，柴门深院静无哗。当窗一片春如海，不是姚家是魏家"，主要是说这里的种植规模还是相当大的；"春日殷勤护牡丹，秋深爱与菊盘桓。主人心地公平甚，富贵清寒一样看"，是说主人对牡丹和菊花不论富贵和清寒都一样的对待，而著名的影园黄牡丹更是佐证了扬州的牡丹种植。在清代瘦西湖二十四景之一石壁流淙的如意门中，"牡丹极高，花时可过墙而出"，这里，"山下牡丹成畦"（《扬州画舫录》卷十四），四桥烟雨光霁堂后的"牡丹本大如桐"（《扬州画舫录》卷十二），也是一景。《芜城怀旧录》卷一载：吉祥庵，女道士修真之地，庵有牡丹数本，高出檐际，花开最盛。现在瘦西湖公园、茱萸湾公园等处都植有牡丹，江都花落的国花园更是植有万亩牡丹，重现扬州牡丹之盛。

银杏　是松柏纲、银杏目，银杏科、银杏属的独一无二的树种，为珍贵的果树和观赏树。早在一亿多年前，曾在世界各地广泛分布，后因气候变迁，只在我国得以幸存，被称为"活化石"、植物界的大熊猫。其树龄可长达千年，享有"树中寿星"之誉，郭沫若称它为"中国的国树"。它从栽培到结果，约需二三十年，常是爷爷栽树、孙子采果，故又名"公孙树"。

银杏树上硕果累累

银杏果皮外有白粉，果核为椭圆形，核皮薄而坚硬，白色，故

石塔寺旁的唐代银杏

又名白果。古人以其叶片形如鸭掌而称为“鸭脚”。全国古银杏以江苏最多，扬州又居江苏省前列。扬州城内百年以上银杏 93 株，多见寺庙之中，一般植于主要厅堂之前，而且对植、相互对称。扬州大明寺的银杏树为明代所植，仙鹤寺内有南宋银杏一株，史公祠内有两株清代银杏。其外，天宁寺、西方寺、旌忠寺、普哈丁墓园中都有古银杏的存在。扬州最古老的银杏，当推石塔路中的唐代银杏，它原在古木兰院中，树高 20 余米，树冠直径为 18 米，干粗可达三人合围，后主干从中心被劈成两半，分别向南北倾斜。此树在 1978 年市政街道拓宽时被安置在街心绿岛上，青翠挺拔，气势磅礴，与附近的唐代石塔相映成趣，成为扬州的一个景点，令游人驻足。由于银杏存活期长，体态雄伟，树冠甚大，覆荫面大，故为扬州人广为种植，特别在寺庙中更增一份庄严。银杏在宋代后被列为贡品，清代道光间便远销各地。重要品种大佛指果大、壳薄、仁饱满、浆水足、产量高。

银杏全身是宝，其果仁富含淀粉、脂肪、蛋白质、维生素、糖、纤维素和矿物质。既是健身营养补品，又可入药，其性平、味苦，有小毒，功能敛肺定喘，主治痰哮喘咳、遗精带下、尿频等症，叶可提取有效成份制药，用于治疗心血管系统的疾病。果皮可提木考胶，木质轻软细密，不易变形，是建筑、雕刻、制作家具和工艺品的上等材料，在国内外市场享有很高声誉，成为我国外贸换汇率很高的商品之一。作家艾煊称赞银杏“是扬州城史的载体，是扬州文化的灵魂”，“是一座有生命的扬州城的城标”。1985年，市人大决定其为扬州市树。2006年初，银杏被选为江苏省省树候选树种。

杨柳　扬州素有“绿杨城郭”的美称，杨柳是扬州的标志之一。隋炀帝杨广开运河下扬州，将柳树种植运河两岸，并赐其姓，所以才有“杨柳”名称。隋唐以来，柳树与扬州的风景一直有着直接的关系，姚合有“暖日凝花柳，春风敬管弦”，杜牧有“街垂千步柳，霞映两重城”。其外还有“青树花柳树临水”、“柳多梅雪扑檐香”。至宋代，韩琦任扬州太守时，在《维扬好》

长堤春柳

中写道:“二十四桥千步柳,春风十里上珠帘。”欧阳修《朝中措·送刘仲原甫出守维扬》词中有“手种堂前垂柳,别来几度春风”,使人遥想起当年植柳的盛景。阮元也曾在公道桥西建阮公楼,楼周围植了许多杨柳,在公道北赤岸湖建阮公楼,阮元取江洲细柳两万枝遍插之,又伐湖岸柳条插之,堤内外每户又种老柳数十株,真是名副其实的“万柳堂”。

清代扬州瘦西湖二十四景之中的“绿杨城郭”、“长堤春柳”,突出地表现了柳树在景点中的作用。杨柳沿水边种植,中间再间以桃树与各种楼台亭阁,相互衬托,形成了瘦西湖“两岸花柳全依水,一路楼台直到山”的景观结构。春风拂来之时,杨柳较他树萌芽早,且色呈嫩绿,娇艳可爱,夹植其中的桃花又烘托其景,桃红柳绿在水中荡漾,构成了极美的意境。所以金农曾有“夕阳返照桃花渡,柳絮飞来片片红”的名诗。今日的瘦西湖仍很大程度上保持着这种景观风格。

扬州历史上,民间在清明前后有植柳的风俗,今天,在城区的几条河道两岸仍植有不少杨柳,体现出这一市树在扬州的普遍性。扬州民歌《杨柳青》则再现了青年男女折柳相赠表达爱情的场面。

扬州作为拥有 2400 多年历史的古城,其鲜明的古城风貌、丰富的人文景观无不透射出深刻隽永的文化气息。古树名木则是扬州古城特色的极好点缀,是扬州的活文物,对研究扬州城的历史、文化、生物、气象及环境保护等方面均具有重要作用;同时它们也是重要的绿化资源和风景旅游资源。

扬州古树名木普遍表现为存活年龄长、科研和观赏价值品位高的特点。经初步鉴定,扬州市区 500 年以上被列为一级(国家级)保护对象的古树有 18 株;存活 300 年以上列为二级(省级)保护的古树名木有 25 株;还有 263 株被列为三级(市级)保护对象。(详见书末附录)在历经风雨沧桑得以存活500年以上的一级保护古树中，有银杏13株，桧柏3株，紫藤和本槐各1株，其中特别珍贵的当数位于文昌中路原古木兰院的唐代古银杏、市殡仪馆原槐古道院的古槐、普哈丁墓园的古柏、市政府第二招待所原扬州路都督府内的古藤等，均具有特殊的历史价值。

扬州的古树名木树种繁多，长势较好，成为扬州的特色景观之一。除作为市树的银杏、柳树外，扬州的传统花木树种还有古柏、腊梅、桂花、本槐、女贞、紫薇、银薇、白皮松、广玉兰、聚八仙等。这些树木均有存活百年以上的，至夏则郁郁葱葱，秀逸多姿；至冬则枝干毕现，端朴遒劲。

刘庄内的白皮松

白皮松 普哈丁墓、何园、三元路珍园、广陵路原余园有百年以上的白皮松5株。

个园翠竹

竹子 为扬州传统植物。唐代一度“有地唯栽竹”（姚合）。主要品种有紫竹、刚竹、淡竹等。清代观音山竹林远近闻名，个园以竹见长，后多不存。建国后在大明寺、观音山、个园、瘦西湖西园曲水等处均续有栽植。

黄杨 分布较广。何园、萃园、仙鹤寺、甘泉路匏庐、淮海路原王柏龄别墅、农学院、大明寺及私家庭院共20多处，有百年生黄杨40多株。1979年在石塔路、1982年在汶河路北段、1984年在盐阜路，都大量栽植黄杨球和黄杨绿篱。

女贞 在小盘谷、何园、七二三所原棣园、天宁寺梅岭西园、北河下原震旦中学等10多处，有百年左右生女贞10多株。1984年在盐阜路栽植大量女贞。

桧柏 百年生以上桧柏主要集中在大明寺蜀冈风景区。此外瘦西湖、观音山、个园、便益门商学院、萃园、仙鹤寺、七二三所原平园、北柳巷小学、堂子巷4号原教堂别墅、汶河街道办事处原辛园等处亦有，计44株。

紫薇·银薇 南河下以上有史公祠、萃园等处4株。1988年在石塔西路琼花园布植。现存百年生的尚有七二三所、珍园、萃园、何园、瘦西湖、冶春等7处，共11株。

国槐 驼岭巷槐古道院、便益门商学院、何园等处有百年以上古槐5株。六十年代江都路两侧、1981年三元路西段两侧均有栽植。

广玉兰 在何园、个园、扬州市第七中学原梅花书院、工人文化宫、瘦西湖小金山等处共有百年生以上广玉兰14株。1988年在小秦淮河边栽植，九十年代初移植于三元路、琼花路作行道树主景树。

被列为古树名木范围的地方传统树种花木主要分布于老城区各处和著名的风景游览区。

聚八仙 一说扬州琼花变种。树龄在百年以上的，在平山堂平远楼前、扬州中学等共有3株。

柏木 在西门街小学、汶河街道办事处、北柳巷小学、堂子巷4号等处共8株。

古槐 除槐古道院古槐外，百年以上老槐尚有省商校、何园等处共4株。

此外扬州还有不少被列为保护对象的稀有树种，它们虽然存活年龄不长（大都为百年左右），数量不多，但无疑也是扬州古树名木的重要组成部分，使得古城名木更见丰富多彩，这些树种主要有柏树、枸杞、臭椿、大叶女贞、香橼、香楠、石楠、宝华玉兰、罗汉松、赤松、日本五针松、绣球、枸骨、苦槠、丝棉木、白榆、榔榆、枫杨、薄壳山核桃、棕榈、鸡爪戚、侧柏、垂丝海棠、冷杉、猴尾杉、枷罗木、榉树、黄连木、日本樱花、牡丹、石榴等。

古树名木是城市历史文化的活见证，现存的古树名木从一个侧面反映了扬州不同历史时期的政治和文化活动。

封建社会发展至隋唐时期，扬州盛极一时，名满天下，佛教、道教颇为盛行，伊斯兰教也较早地传入扬州，反映宗教活动的场所——庵观寺院遍布全城各地，直至扬州解放前后这些寺院还大量存在。银杏作为扬州存活年代最久、数量最多的主要树种，以其秀拔伟岸、庄严肃穆的体态而成为封建统治阶级至高无上的象征。这些古银杏几乎全部根植于旧有庵观寺庙，从而成为扬州宗教活动兴盛的有

盆景 明末遗韵

盆景 明末古柏

力证明。古柏一般都扎根于大地，而现存于扬州盆景园中的明代古柏却根植于盆中，成为稀世之珍，树干高不盈二尺，屈曲犹如虬龙，树皮仅存三分之一，顶端枝中用棕丝蟠虬成片片青云，大如缸口，虽历时久远，但在园艺工人的精心保护下，依然青春焕发，苍然奇古，含烟吐雾，葱郁参差，气度恢弘，反映了明代盆景艺术的发展水平。清代赏梅、咏梅成为时尚，扬州腊梅更是不计其数。蜀冈东峰观音山之西有“小香雪”，又名十亩梅园，梅花盛开，幽香四溢。而史公祠内的“梅花岭”和瘦西湖内的“梅岭春深”，皆是以梅取胜，以梅命名之胜地。可以说扬州各大小园林，几乎无处不见梅花。

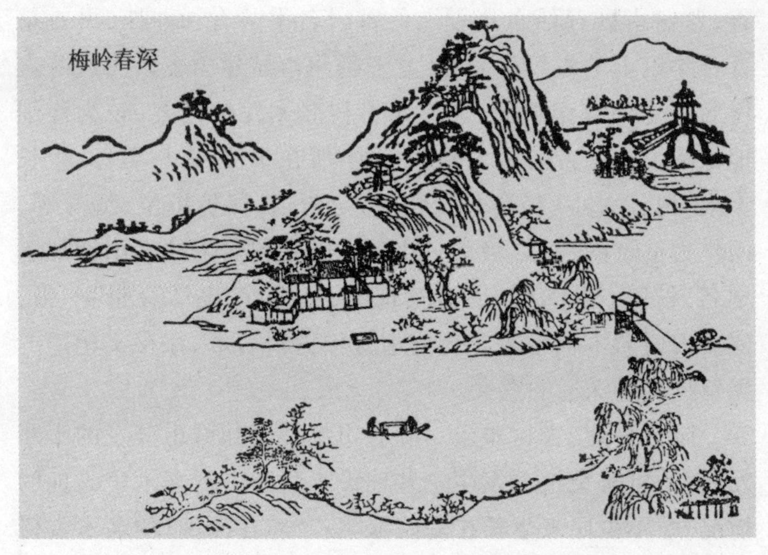

梅岭春深 选自《扬州画舫录》

清代扬州成为漕运中心，又是盐务管理中心，经济繁荣，盐商住宅、会馆纷纷兴起，与此相适应，扬州园林在明代基础上又有了新的发展，私家庭园大量出现，以致“园林多是宅”。（据六十年代初期调查，扬州市区有庭园 56 处，目前有迹可寻的尚有 25 处，其中留存古老花木的有 21 处。）鸦片战争以后的一百多年，中国沦为半封建、半殖民地社会，扬州同样遭受外来势力的影响。近百年来，外来势力在扬陆续办学校（美汉中学、震旦中学、慕究里小学等）、开医院（浸会医院）、造别墅等。后来在这些旧址上都发现了外来树种，如在过去的浸会医院（现苏北医院）、慕究里小学（现育才小学）、圣公会等处，就发现有枸骨（欧美圣诞树）、苦槠及薄壳山核桃等。这些树木的特点是生长历史还不长，一般都在七八十年至百年左右，长势旺盛。

为保护好古树名木，扬州市有关部门做了大量的工作。1981 年市有关部门就对扬州古树名木进行调查。经过这次调查，鉴定市区存活百年以上的古树名木共有 306 株，另有培育百年以上的古树盆景 27 盆。扬州市城建档案馆为这些古树名木专门登记造册，建立了古树名木保护档案，较为详细地记载了这些古树名木的生长地、所在单位、古树名称、生长年限、树径大小（径高）、长势、特定价值、保护单位、编号等，而作为重点的一、二级和三级保护的古树名木档案则增加了学名、科属、树木历史及存活情况，且附有"生活彩照"一张。建立古树名木档案对于更好地保护古树名木、保存文化遗产无疑将有着深远的意义。

园林易建，古树难求。随着市场经济和城市开发的不断发展，不可避免地会发生一些建设项目与古树名木争天地的境况，令不少原来生长在庭院深宅若"养在深闺"的名木古树抛头露面，置身于喧闹的"尘世"之中。

名花名事

人与花卉在长期相处中，自然产生栽种、培育、观赏、吟咏、绘描等多种联系，古代扬州人和各种名花的关系同样如此，这种联系的积淀和累积便成了扬州花文化中的一部分，在许多历史古籍中保留了数量不少的记载，我们从中可看出人与自然友好相处的境界，看出花与人的和谐共存，也可以从中理出扬州花文化发展的历史脉络。

何逊思梅

何逊(？—518),字仲言,南朝梁东海郯(今山东郯城)人,八岁便能作诗,诗文清韵,为当时历史学家、学者沈约所欣赏,曾官至尚书水部郎,后人称其为何水部,官终庐陵士记室,后人将其著作辑为《何水部集》。

他在扬州任法曹时,曾在舍下种梅,时常吟咏其下,后来官迁至洛阳,竟思梅心切,请求再回扬州,当他到达扬州时,正值梅花盛开,他就整天围绕着久违的梅树转,不舍离去,后人誉为"知梅者",在后人的一些著作中还将其封为男花神,其所作的《扬州法曹梅花盛开》(一称《咏早梅诗》)被元末明初诗人高启称为"自去何郎无好咏,东风愁寂几回开"。他首开咏梅之风,紧扣梅花神、韵、姿、香、色,借物寄怀,通过赞美梅花迎春报时、凌霜傲雪的品格,抒发自己建功立业的希望和孤洁自守的情怀。现录其下：

兔园标物序,惊时最是梅。
衔霜当路发,映雪拟寒开,
枝横却月观,花绕凌风台,
朝洒长门泣,夕驻临邛杯,
应知早飘落,故逐上春来。

虽然有专家考证六朝时的扬州为今南京,但仍有不少后人将此诗所作地点归于今日扬州,如杜甫的《和裴迪登蜀州东亭送客逢早梅相忆见寄》诗就有"东阁官梅动诗兴,还如何逊在扬州"。明史鉴《广陵怀古八首》之四前四句:"何逊能诗最有声,思梅还复到芜城。风台徙倚看花绕,月观徬徨对影横。"儒家文化圈其他国家的人也将何逊与现扬州联在了一起,占城国(今越南)贡使的《扬州对客》末二句云"欲寻何逊旧东阁,落尽梅花空断肠”。

由于何逊爱梅，在后人许多著作里将他列为众花神之一,清俞樾的《十二月花神议》一书还对十二月不同的花神作了一番论证。正月梅花:何逊。俞樾按曰:

梅花为林处士(指宋代隐士林逋)所专久矣。原议以处士为梅花之神,允符公议。然考梁何逊作扬州法曹,廨舍有梅一株,逊常吟咏其下,后居洛思之。再请其任,抵扬州,花方盛开,逊对树彷徨终日不能去,然则爱梅成癖，首批此公。杜诗去:“东阁官梅动诗兴，还如何逊在扬州。”唐以前言梅花事所艳称者,固无如何水部矣。宋赵蕃诗云:“梅从何逊骤知名。”孤山处士(即林逋)尚其后辈,以俎豆让之,或亦首肯。

这当然是以何逊思梅引起的后话了。

王禹偁咏花

王禹偁(954—1001),字元之,济州钜野(今属山东)人,太平兴国八年(983)进士,曾出任过右拾遗、翰林学士、知制诰。因直言犯上,三次被黜。至道二年(996)出任扬州知府,次年九月初,又奉诏离扬州赴京撰修《太祖实录》。他虽然在扬州任职时间很短,却写了不少有关扬州花卉的诗文,其中最有价值的是有关海仙花、琼花、芍药。

海仙花诗三首并序

海仙花者,世谓之锦带。维扬人传云:初得于海州山谷间,其枝长,而花密若锦带。然予视其花未开如海棠,既开如木瓜,而繁丽袅弱过之。或一朵满头,冠不克荷。惜其不香而无子易绝,第可钩压其条,移植他所。因以《释草》、《释木》验之,皆无有也。近之好事者作《花谱》,以海棠为花中神仙。予谓此花不在海棠下,宜以仙为号,目之锦带,俚孰甚焉。又取始得之地,命曰海仙。且为赋诗三章,题诸僧壁。

一堆绛雪压春丛,袅袅长条弄晓风。
借问开时何所似?似将绣被覆薰笼。

春憎窈窈教无子,天为妖娆不与香。
尽日含毫难比兴,花中应是卫庄姜。

何年移植在僧家?一簇柔条缀彩霞。
锦带为名卑且俗,为君呼作海仙花。

后土庙琼花诗二首并序

扬州后土庙有花一株,洁白可爱,且其树大而花繁,不知实何木也,俗谓之琼花云,因赋诗以状其态。

谁移琪树下仙乡?二月轻冰八月霜。
若使寿阳公主在,自当羞见落梅妆。

春冰薄薄压枝柯,分与清香是月娥。
忽似暑天深涧底,老松擎雪白娑婆。

芍药诗三首并序

芍药之义，见《毛诗·郑风》。百花之中，其名最古。谢公《直中书省》诗云“红药当阶翻”，自后词臣引为故事。白少傅为主客郎中、知制诰，有《草词毕咏芍药》诗，词彩甚为该备。然自天后以来，牡丹始盛，而芍药之艳衰矣。考其实，牡丹初号木芍药，盖本同而末异也。予以端拱己丑岁，由左司谏为制诰舍人，后坐事黜弃。淳化甲午年，又以礼部员外郎牵复旧职。寻以本官充翰林学士，则谢公、白傅之任常蹂躏矣。自出滁上，移广陵，追念纶闱，于今九载，而编集之内，未尝有芍药诗，言于词臣，不得无过。扬州僧舍植数千本，牡丹落时，繁艳可爱。因赋诗三章，书于僧壁。

牡丹落尽正凄凉，红药开时醉一场。
羽客暗传尸解术，仙家重爇返魂香。
蜂寻檀口论前事，露湿红英试晓妆。
曾忝掖垣真旧物，多情应认紫微郎。

东君着意占残春，得得迟开亦有因。
曾与掖垣留故事，又来淮海伴词臣。
日烧红艳排千朵，风递清香满四邻。
更爱枝头弄金缕，异时相对掌丝纶。

满院匀开似赤城，帝乡齐点上元灯。
感伤纶阁多情客，珍重维扬好事僧。
酌处酒杯深蘸甲，折来花朵细含棱。
老郎为郡辜朝寄，除却吟诗百不能。

其中海仙花诗序，就交待了海仙命名的来历，这个名称后来就传承下来了，《吴郡志》卷三十有“锦带花”条，文云“锦带花又名海仙，盖王元之名也”，宋人梅挚的《海仙花》诗注中也说“是花本名锦带，王内相禹偁易今名”，由此可见王禹偁在扬州所作《海仙花诗三首并序》影响之大、流传之广，也是扬州花史上非常值得一书之事。

王禹偁的琼花是扬州琼花最早的记载，在宋以前的古籍中也有“琼华(花)”之名，但大都是指一般树木之花，周武忠教授经过专门考证，琼花作为一种特定的植物名称是从王禹偁始(详见其著《中国花卉文化》一书)。甚至可以说王禹偁是琼花最早的宣传者。在诗中，他把琼花写成了天上月娥所种，是仙女为了让人间能分享到这满树的清香而移自仙乡。琼花的洁白，犹如二月的薄冰；花蕊的粉尘，又如八月的早霜，琼花那轻盈淡雅的风韵，连素以梅花妆自诩的寿阳公主也自叹不如而羞于打扮了，而琼花的品格又极高，那压满枝头的琼花，宛如一株擎雪的老松，甘居于暑天的空谷深涧，给人们带来阵阵清凉和幽香。后人甚至将琼花的命名也归之于他，宋祁的《宋景文笔记》中就说：“维扬一土庙有花曰玉蕊，王禹偁爱赏之，更称曰琼花。”当然也有不同意见，清代学者程瑶田在《扬州后土祠琼花始末辑录》中说：“然玉蕊在唐时，名作林立，曾不侵入琼花，而王元之作《琼花诗》，绝不以为玉蕊，然则二花分别，赖有《小畜集》以为之鸿沟也。”

王禹偁所作芍药诗更是将芍药花史说得一清二楚，对于宋代芍药在扬州栽种之广尤是一重要佐证，仅一家寺院便有数千本，“满院匀开似赤城，帝乡齐点上元灯”，煞是壮观。

凭着这几首诗，王禹偁在扬州花文化史上的地位和影响便是无人企及，这也是我们需要更深入研究的重要人物。

王观的《扬州芍药谱》

芍药在中国种植历史很长，天下芍药，以扬州为最，故芍药又名“扬花”。宋代扬州的朱氏花园南北二圃就种植了芍药五六万株，禅智寺有芍药园，设有芍药厅，汇聚一州的各种绝

品。因而在宋代先后出现的几本研究芍药的著作，其中尤以王观所著的《扬州芍药谱》为最全。

王观，北宋词人，字通叟，如皋（今属江苏）人。生卒年不详。王安石为开封府试官时擢置高等。仁宗嘉祐二年（1057）进士。神宗熙宁中，曾以将仕郎守大理寺丞，知扬州江都县事，在任时作《扬州赋》，神宗阅后大加褒赏。又撰《扬州芍药谱》1卷，后官翰林学士，应制赋《清平乐·黄金殿里》词，高太后认为亵渎神宗，将他罢职，于是自号“逐客”。

王观在《扬州芍药谱》中叙述了扬州种芍药的盛况和芍药的栽培方法，记载了芍药品种引品，这些包括自己亲觅及前人所得的芍药品名与形色，并将这些品种分为几等：上之上有冠群芳、赛群芳、宝妆成、尽开工、晓妆新、点妆红；上之下有叠香英、积娇红；中之上有醉西施、道妆成、掬香琼、素妆残、试梅妆、浅妆匀；中之下有醉娇红，拟香英，妒娇红、缕金囊；下之上有怨春红、妒鹅黄、蘸金香、试浓妆；下之中有宿妆殷，取次妆、聚香丝、簇红丝；下之下有效殷妆、会三英、合欢芳、拟绣鞯、银含棱，计7等31个品种，新收八品：御衣黄、黄楼子、袁黄冠子、峡石黄冠子、鲍黄冠子、杨花冠子、湖缬、龟池红。这样这本书就收了39个芍药品种,蔚为大观。谱中有后论一篇,论述扬州芍药至宋始盛。书中所述的芍药繁殖、修剪和病虫害防治技术,有较多的学术价值,该书版本也最多,《百川学海》本、《山居杂志》本、《说郛》本、《四库全书》本、《墨海金壶》本、《珠丛别录》本、《香艳丛书》本、《扬州丛刻》本。此书为后人研究芍药提供了非常翔实的资料。

同时代的史学家刘攽于熙宁六年(1073)也撰有《芍药谱》,他是在罢海陵守至广陵时著有此书的。书中记载了扬州芍药31种,每种均叙花之形、色,据其自序说,所记诸种,都让画工描画下来,可见原书还有附图。此谱历代均无单行本,也不见之于丛书中,宋陈景沂《全芳备祖》前集、宋祝穆《事文类聚》后集均收其全文。

北宋的孔武仲在"官于扬,学讲习之暇"也搜集、整理了一本《芍药谱》。谱中叙述扬州芍药名品40种:御衣黄、青苗黄、楼子尹黄、二色黄、楼子绛、州子苗、峡石黄、楼子圆黄、鲍家黄、石壕黄、杨家花、袁黄冠子、龟地红、湖缬、黄楼子、寿州青苗、黄丝头、道士黄、白缬子、金线楼子、金系腰、沔池红、红缬子、青苗旋心、玉逍遥、红楼子、绯子红、扬花冠子、胡家缬、二色红、髻子红、茅山紫楼子、茅山冠子、柳浦冠子、软条冠子、兰州冠子、蓬尖绯、多叶鞓子、多叶绍熙。品名与刘谱无一相同,与王谱新收的同名仅有三种。

苏轼废万花会

苏轼在扬州任知府期间,力倡廉洁吏风、着手革除弊端。这方面流传最广的,即取消一年一度的"万花会"。北宋诗人陈师道在《后山丛谈》中说:"花之名天下者,洛阳牡丹、广陵芍药耳。"曾出知扬州并为相十年的韩琦有诗云:"广陵芍药

苏轼画像

真奇美，名与洛花相上下。”扬州芍药与洛阳牡丹互相媲美，名贵于时。北宋时，洛阳太守年年于牡丹花盛开时办“万花会”，选择千万朵最好的牡丹，做成屏帐，乃至梁、栋、柱、拱，悉以竹筒贮水簪花钉挂。当其时，邀请豪绅僚属宴集赏玩，举止皆花。北宋时的洛阳牡丹花会名噪天下，有“花开时节动京城”之说。而具有“千叶扬州种，春深霸众芳”之誉的扬州芍药，自然也不甘寂寞，扬州的芍药花会也盛极一时。据《仇池笔记》载：“扬州芍药为天下冠，蔡京为守，始作万花会，用花十余万枝。”宋代词人刘克庄在一首词中这样描绘扬州的芍药花会：“一梦扬州事，画堂深、金瓶万朵，元戎高会。座上祥云层层起，不减洛中姚魏。”由此可见，扬州的芍药万花会，比之洛阳的牡丹万花会，毫不逊色。然而，这种热闹非凡的万花会年年循习而办，享受的是豪绅僚属，遭殃的却是老百姓。十万余朵芍药花，加上其他种种的设置配备，这要动用多少人力、物力和财力啊！衙役恶吏乘万花会之机敲榨勒索老百姓，人民因此苦不堪言。元祐七年(1092)初春，苏轼出任扬州知州，时值芍药盛开。当时任扬州通判的晁补之正准备举办一年一度的“万花会”。其用心一方面对苏轼这位文坛泰斗表示欢迎，二来让新上任的太守借万花会之机“与民同乐”。可是苏轼却不这样想。他认为，地方上的父母官应当与老百姓忧乐相通,眼下老百姓的日子并不好过,官府的陈年积欠正压得他们喘不过气来。在这种情况下,怎么能只顾自己寻欢作乐呢?于是,苏轼旗帜鲜明地要求晁补之取消"万花会"。晁补之是苏轼的学生,为"苏门四学士"之一。对苏轼,他是非常敬重的,不过,取消了年年举办惯了的"万花会",晁补之担心老百姓们会有什么想法。这方面,苏轼心里早有准备。他写了一篇《记以乐害民》的文章,向扬州父老说明取消"万花会"的原因。这样,多年来一直沿袭的劳民伤财的"万花会",终于在苏轼任扬州知府时得以取消。消息传开,扬州人民无不交口称赞。据张邦基《墨庄漫录》记载,苏轼在给朋友王定国的信中,还提及这件事。信中说:"花会检旧案,用花千万朵,吏缘为奸,扬州大害,已罢之矣。虽杀风景,免造业也。"苏轼有效地制止扬州"万花会"一事,直至今日,仍有其借鉴意义。

苏轼是继欧阳修之后主持北宋文坛的领袖人物,行迹所到之外,均有传世名作留传。苏轼曾十过扬州,并且在扬州做过太守,自然也就留下了许多有关扬州的作品,例如流传较广的《临江仙·夜到扬州席上作》:

尊酒何人怀李白,草堂遥指江东。珠帘十里卷香风。花开又花谢,离恨几千重。

轻舸渡江连夜到,一时惊笑衰容。语音犹自带吴侬。夜阑对酒处,依旧梦魂中。

琼花观的兴衰

蕃釐观，俗称琼花观，是一座以扬州市花命名的道教宫观。坐落在今文昌中路东段北侧，扬州市第一中学旁。它的前身是后土祠（又称后土庙），始建于西汉成帝元延二年（前11）。祠中供奉主管大地万物生长的女神后土夫人，住道士管理香火。后因祠的东、北两面建房形成的巷子都叫“羊巷”，故又有人称其为“羊里观”。

唐僖宗中和二年(882)，淮南节度使高骈镇扬州，选江南上等建筑材料和能工巧匠，在后土祠之南建三清殿。大殿与后土祠合在一起，改名唐昌观，延术士吕用之居其中。宋初在大殿与后土祠之间长有琼花树一棵。至道二年(996)，王禹偁任扬州太守，首作《琼花诗》两首，自此，琼花之名遂名闻海内。欧阳修任郡守时，以扬州琼花“世无伦”，而在大殿之西北琼花树旁筑亭，其匾额上书“无双亭”，以作饮酒赏琼花之所。到宋徽宗政和年间，取《汉书·郊祀歌辞》“唯泰元尊，媪神蕃鳌”义，改庙名为“蕃釐观”，并赐“蕃釐观”匾额。世人以此观中有琼花，故俗称为“琼花观”。南宋淳熙三年（1176）八月十五日，知郡事刘公泽命将琼花移至大殿之前。观中道士唐大宁负责培育和管理琼花，在大殿前琼花生长处筑“琼花台”（六角形）。大殿后有一眼井，名“玉钩井”（又名“玉钩洞天”）。大殿东边有芍药厅。

蕃釐观大门朝南，门前有一条街就叫“琼花观街”（即今文昌中路东段）。观门原有一座糙米色石牌坊，系明代所建。石牌坊由六根柱石和五块石额构成。石柱下方呈方形，上端呈圆形，雕有浮云，形似华表。东边石额为赤乌，雕刻太阳图案；西边石额为玉兔，雕刻月亮图案；中间有清刘大观题“蕃釐观”三字石额。石牌坊北面是一排“八”字形屏房，有五个门通内。屏房北面是围墙和一座三楹门楼，每间各有一个门通观内，门楼正中上悬“蕃釐观”匾额。门楼前雄踞一对石狮子。门楼的东西边又各有一侧门通观内。门内院墙的东西角各有一座焚纸亭，院内有四棵银杏树。

明宪宗成化年初，道士陈永辉筹措资金，在观内建“竹轩花亭”，后毁。明神宗万历二十年（1592），扬州知府吴秀在大殿之北后土祠遗址上兴建一座玉皇阁（又称“弥罗宝阁”）。阁高三层，面阔三楹，恢宏壮丽，为当时扬州城里最高大的建筑，登阁可俯瞰全城。至清乾隆四年(1739)毁于火,乾隆十年(1745)修复。

蕃釐观西边原有“西雷坛”,因观内财源不畅卖给居民。后经全真派主持道士张清伦及其徒高一元节衣缩食,用二百四十两纹银赎回旧地。清乾隆二年(1737),由张清伦师徒操持,经主政马曰琯、吴玉山等人捐资改造,至乾隆五年(1740)建成“文昌祠”两进,前三间,后五楹。祠中供奉主管文事及人间禄籍的文昌帝君。知府高士钥撰碑记,国子监学正蒋衡书写,立碑一块。观中还建有“写经楼”,为蒋衡写《十三经》之所。明代中期该观刻有《琼花观图》。琼花观古人绘有图,明代张鼐《琼花观》诗中有“延元封庙额,显庆著图经”之句,说明唐高宗显庆年间即绘过后土祠图。其后,《扬州府志》绘有《蕃釐观图》,清代的蒋士铨、陈夔、俞国鉴均有《题〈琼花观图〉》诗,金兆燕有《题〈琼花观图〉后》诗,赵翼有《题〈琼花观图〉长卷》诗。

蕃釐观内的建筑大部分陆续被毁。除上述后土祠、竹轩花亭外,玉皇阁于清光绪年间再次毁于火,后未重修;芍药厅、深仁祠、文昌祠和写经楼,不知何时被毁。到解放前夕,琼花观北部已改作江都县立中学,观内仅存琼花台、大殿、玉钩井、焚纸亭(均破旧不堪)、门楼、石牌坊(只存四柱)、道士居室和粮食仓库等少数建筑。观中已基本无香火,仅为不定期向穷人施粥的场所。解放初琼花观改作扬州财经学校,大殿被拆除,改建为大礼堂。

1952 年财经学校改为市一中后,门楼被拆除,琼花台、玉钩井、焚纸亭圮废。道士邱兴存全家搬出。1975 年扬州市政府拨款,在大礼堂北重建方形琼花台,将石牌坊“蕃釐观”石额砌在台上;同时修复玉钩洞天。除此之外,琼花观古迹已荡然无存。

1990 年春,扬州市政府决定辟市一中的西侧蕃釐观原址修复蕃釐观。1993年动工，1996年竣工。殿前植两棵银杏树，西一棵系古树，东一株为新植。平台石梯两侧各植一株龙槐、两棵琼花。观门至大殿的正中有一条甬道，甬道中有一棵老榆树，两侧各植四株琼花。甬道两边各建上下两层楼、每层22间的仿古廊房，廊房南北端各两间、中间三间稍高，形成中间小殿房、两头四角亭的格局。只是琼花台被隔在大殿后的围墙外，1999年4月又开始了二期工程，2000年4月竣工，重建了八角形琼台，台上植一株琼花。琼花台东侧垒有假山，假山上建无双亭，琼花台两侧建聚琼轩，厅前凿一水池，以小沟通无双亭。聚琼轩西北侧建成一座上下各八间的楼房，称"文杏园茶楼"，楼前有一棵古银杏树。聚琼轩西面迎观巷建成三间翘角殿房，殿檐下悬"琼花园"额，此便是琼花园的西门。走进西园门，迎面砌一垛屏墙，墙上砖刻"琼花胜境"四个大字，两侧设门通园内。琼花台与聚琼轩之南、大殿之北建一排曲径廊房，廊房东头的半亭上悬"仙葩"额，西端亭檐下挂"玉立亭"匾，曲廊的一面墙上，嵌砌着一块《琼花真本》石刻，还有现代书法家书写的宋代王禹偁、韩琦、王令、欧阳修、王信、王简叔（应作王叔简）、鲜于侁、胡宿、金时耶律铸，明代王旭、于谦、张三丰、谢瑾、黄镐，清代厉鹗等人的诗词，及一篇《隋炀帝下扬州看琼花的传说》。廊房开一门通观内大殿，门南额书"琼花园"三字。

影园的黄牡丹

影园是明代郑超宗所建，郑超宗（1595—1645），名元勋，号惠东，祖籍安徽歙县，后定居扬州，天启四年中举人，崇祯十六年进士，工诗文，善作山水风景，有《影园诗稿文稿》、《左国类文》问世。其所建园林之所以称为影园，是明代书法家董其昌以园之柳影、水影、山影著称而命名。

影园集中了郑超宗的全部心血，其曾撰《影园自记》传世。他在园林设计关于对花木的精心配置上表达了中国古代文人对自然的追求、向往，所以当他将影园筑成时，他非常开心，天天广泛延请名士硕学者，饮酒赋诗，欣赏园中景色。

特别值得一提的是崇祯十六年(1643)，园中的黄牡丹一枝开放 。黄牡丹是中国特有的牡丹花种，多分布于我国四川、云南、西藏2000~3500米的地带，一般三月萌发，四至五月开花，花呈黄色，目前仍属于一种濒危的花种。于是园主为此大会名士赋诗，征诗范围不仅限于扬州，江、楚之间均有应征者，所征之诗，皆糊名易书，评定甲乙等次，评为第一者，以黄金二觥镌刻成“黄牡丹状元”字赠之。此事名动海内，一时传为盛事。天启七年举人、广州的黎遂球在南下途中适逢此事，在赋诗会上，即席成十首，竟冠诸贤，一时声名籍甚，人们呼其为“牡丹状元”，其中一首为《扬州同诸公社集郑超宗影园，即席咏黄牡丹》，诗的内容为“谁买长门作赋才？守宫砂尽故徘徊。燕衔落蕊成金屋，风蚀残钗化宝胎。三月繁华春梦熟，六朝芒草暮霞堆。上尊合赐词臣阁，邀赏还宜八骏来”。将黄牡丹的珍贵、难得，淋漓尽致地作了深刻描绘。虽然他的诗在后人引起了争议，掀起了一阵波澜，其中最著名的就是袁枚的评述。

他在《随园诗话》中对此事的述评：前朝番禺黎美周，少年玉貌。在扬州赋《黄牡丹》诗，某宗伯品为第一人，呼为“牡

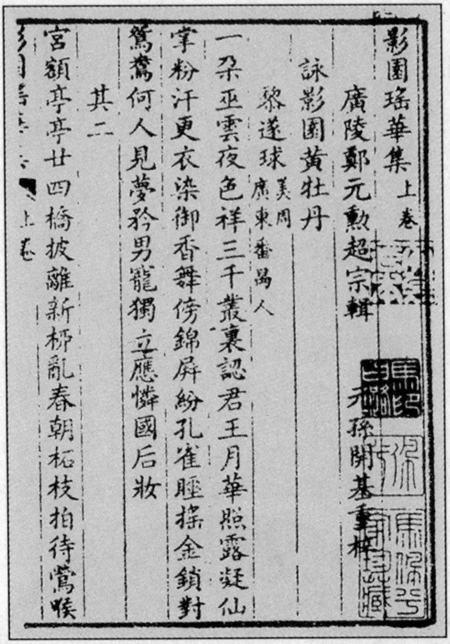
影園瑤華集 上卷
廣陵鄭元勲超宗輯
孫開基重梓
詠影園黃牡丹
黎遂球 美周 廣東番禺人
一朵亚雲夜色祥三千叢裏認君王月華照露凝仙
掌粉汗更衣染御香舞傍錦屏紛孔雀睡搖金鎖對
鴛鴦何人見夢矜男寵獨立應憐國后妝
其二
宮額亭亭廿四橋披離新桺亂春朝柘枝拍待鶯喉
影園瑤華集 上卷

影园瑶华集书影

丹状元花主人”。郑超宗，故豪士也，用锦舆歌吹，拥“状元”游廿四桥，士女观者如堵，还归奥中，郊迎者千人，美周披锦袍，坐画舫，选珠娘之丽者，排列两行，如天女之拥神仙。相传，有明三百年真状元，无此貌，亦无此荣也，其诗十章，虽整齐华赡，亦无甚意思，惟“窥浴转悉金照眼，割盟须记赫留衣”一联，稍切“黄”字，后美周终不第，陈文忠荐以主事，监广州军，死明亡之难。虽然袁枚对他的诗评价不高，但他回到广州后，同里九位诗人与其所作诗歌唱和，后编入《南园后五子诗集》，为广东诗界的一项大事。日本人大木康曾专门撰写《黄牡丹诗会》一文，专门选取了这个历史片段，用来描述当时的文人社会网络和文化出版成熟的状况。清代扬州八怪之一汪士慎于雍正六年（1728）在马曰琯的七峰草堂下，专门录《黄牡丹诗》数十首，绘黄牡丹图，以篆隶笔意作行书，直追秦汉，成自家画貌。

清人钱谦益亦曾参与其中，他将寄来的九百首诗一一作了评定，后来这些诗编成了《影园瑶华集》，他又作了序，并专门作《广陵郑超宗圃中忽放黄牡丹一枝，群贤题咏烂然，聊复效颦，遂得四首》

玉钩堂下见姚黄，占断春风旧苑墙。
但许卿云来侧畔，即着湛露在中央。

菊从土色论三正，葵让檀心向太阳。
作贡会须重置驿，轩辕天子正垂裳。

郑圃繁华似洛阳，斩新一萼御袍黄。
后皇定许移栽植，青帝知谁作主张。
栀貌花神刊谱牒，檀心香国与文章。
若论魏紫应为匹，月夕依稀想鞠裳。

一枝红艳笑沉香，道貌文心两擅场。
宝贵看谁夸火齐，妖娆任尔媚青阳。
开樽正爱鹅儿色，拂槛偏怜杏子妆。
此是郑花人未识，无双亭畔为评量。

绣毂春风羡洛阳，小阑何意见维扬。
仙人鹤骑来云表，玉女香车驻道旁。
十里珠帘回燕赏，万花红烛换风光。
竹西歌吹雷塘路，梦里华胥日正长。

诗中对郑园中的花引用多则典故加以渲染。另一来自如皋的文人冒襄（字辟疆，号巢民，与方以智、陈贞慧、侯方域友善，合称“明末四公子”）也参与了这场盛事，写了《影园黄牡丹》二首：

鹤背仙人淡月妆，遥临金谷斗晴芳。
游蜂梦入将迷影，浅腊春浮欲化香。
似柳栖莺新湿雨，疑秋绣桔小含霜。
妃红配紫寻常眼，正色偏留媚草堂。

剪雾笼烟未可寻，朝来磁斗发秾阴。
微分傲菊三秋色，并与孤葵一日心。
富贵幻成金粟相，艳香忽落羽衣吟。
繁华不领春工意，土德滋荣独尔深。

在扬州明末清初的诗词中，有不少文人都写下了在影园时的美好记忆，特别是那枝盛开的黄牡丹在那一代文人心灵深处的印记跃然纸上，成为扬州花文化史上的一件盛事。扬州八怪之一的李鱓曾在一本画册中写到“吾乡郑职方影园忽开佛面黄牡丹一枝，诸石公赋送钱牧斋，评次甲乙，黎遂球为最，职方以金觥其诗归之”(《中国绘画总合目录》)。直至民国初年仍有人作《黄牡丹状元歌，用柏梁体》，其中有：广陵第一谁家园，影园花事开芳樽。嫣红姹紫何纷繁，中央三色黄为尊。主人欢宴成例翻，四座今宵且勿喧。就中上座有大言，岭南黎君窥根源。

汪士慎嗜梅成癖

清代“扬州八怪”之一的汪士慎(1686—1759)，字近人，号巢林。歙县(今属安徽)人，后流寓扬州。因排行第六，好友金农常称他为“汪六”。一生喜花，曾刻有“一生心事为花忙”的图章，工花卉，尤擅梅。五十四岁时左目失明，后右目又失

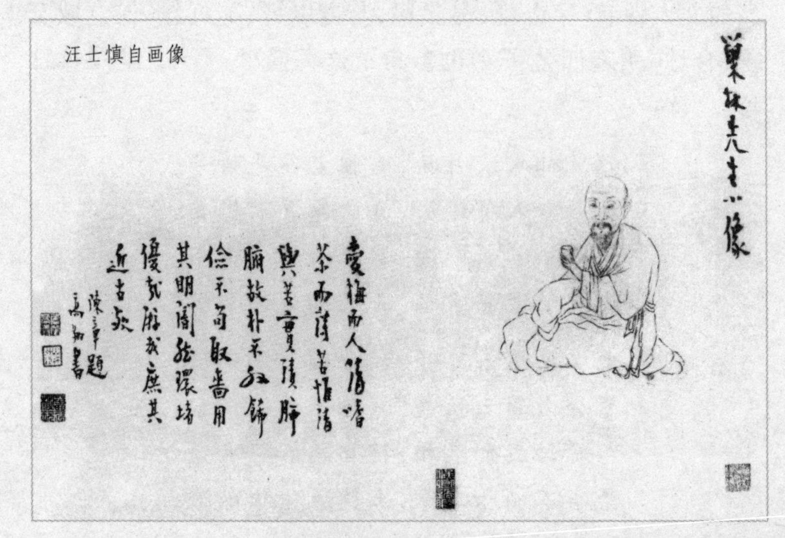
汪士慎自画像

明，仍能以意运腕，为人画梅，或作八分书，工妙胜于未盲时。

汪士慎寓于扬州时，常年住在扬州城北一所旧草堂中，命名为“高寒草堂”，又叫“七峰草堂”，这里简陋而清幽，堂前有“青杉出短墙，修萝垂古屋”的景致，故又称“青杉书屋”或“青杉旧馆”，后因古杉被风吹折，他就补种疏梅，故又称“梅花庭院”。汪士慎在这里晨起赏梅，日中作画，暮来晤友，生活看似安闲自得。但他性格孤傲，不事逢迎，不求仕进，安闲的日子背后是生活的艰辛，他自称“居士尝断炊，画梅乞米难”。他所居住的地方，汪士慎曾自题：“小院栽梅一两行，画空疏影满衣裳。冰花化水月添白，一日东风一日香。”他在爱梅之外还有另一癖好就是爱茶，厉鹗为其曾题诗道：“巢林先生爱梅兼爱茶，啜茶日日写梅花，要将胸中清苦味，吐作纸上冰霜桠”。陈章也曾为其题诗道：“好梅而人清，嗜茶而诗苦，惟清与苦，实渍肺腑。”爱梅、嗜茶的爱好也反映了他的为人和诗画风格，正如他

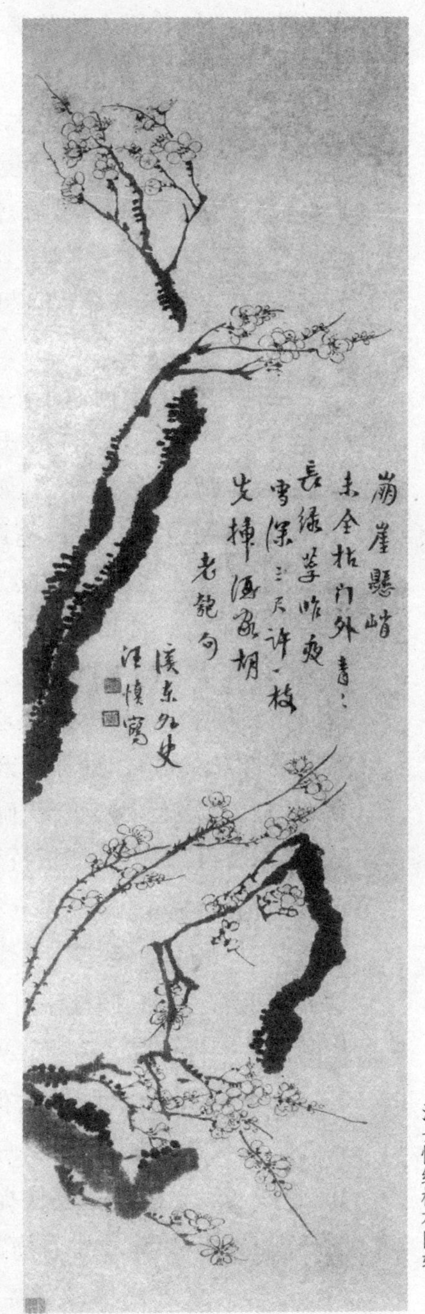

汪士慎绘梅花图轴

自述中说:“知我平生清苦癖，清爱梅花苦爱茶”,“闲贪茗碗成清癖,老觉梅花是故人”。

他的梅花图,有的用墨,有的设色,有香梅、雪梅、野梅、山梅、溪梅等多种作品,情境各异。他的一首访梅诗题于画上,诗曰:“一笑山坡访早梅,何人剪水作花开。奇香不逐枝头老,清气都归笔底来。”雍正十二年(1734)所作的《梅花轴》题句有“长年老树吐寒葩,不必骑驴江路斜。山桥野店人迹少,一阵酒香冲雪花”。

在他的一生中创作了不少有关梅花的作品,其中不少为传世之佳作,陈子清《名花概要·汪巢林卷》〉中说他“暮年目瞽,为人作画,工妙尤胜”。如有一幅,以淡墨画枝干,浓墨点苔,湿润苍劲,细勾花瓣,笔调飘逸,并题诗道:“驻马清流香气吹,东风渐近落花时,可怜踯躅关山客,才见江南第一枝。”他的好友俞以三亦博学清雅,家中仅挂汪士慎所作的梅花图轴,在其弥留之际手指梅花,汪士慎称其“弥留不改清狂癖,指向梅花别故人”。金农《冬心画梅题记》中记有:“画梅之妙,在广陵得二友焉,汪巢林画繁枝,高西唐画疏枝,皆是世上不食烟火人”,乾隆十二年,他画了一枝梅花,李鱓补上佛手、菖蒲,李方膺再添月季,郑板桥作了题跋:“梅花抱冬心,月季有正色;俯视石菖蒲,清浅茁寒碧;佛手喻画禅,弹指现妙迹,共玩此窗中,聊为一笑适”,并注:“乾隆丁卯秋日,士慎画梅,复堂补佛手、石菖蒲,晴江添月季,余作诗于上。”这也是四怪合作的惟一一件作品。

汪士慎虽然生活贫穷,但他雅兴不差,常与友人到扬州各处景观赏花观月,乘船泛舟,踏访古迹,兴致上来还吟诗唱和,这些实际上为他的创作提供了重要的素材,他在《蔚洲招同寿门、樊榭、角里草堂看梅》:

蒙蒙晓雾滞衣襟,幽侣欣来渡水浔。

小石桥头香已到，赤栏干外雪难侵。

高拿龙爪逃禅笔，乱著繁花煮石心。

拂拂东风才一日，有谁先入醉乡深。

具体详尽地描述了看梅的环境与感慨。雍正六年十月，汪士慎在马曰琯的七峰草堂留有梅花长卷，该画为汪士慎一生力作，梅枝舒展遒劲，以湿墨画梅主干，以浓墨点苔痕，以细笔钩花梢，画上千枝万蕊，俯仰有神，自开繁枝。

正是扬州是一个梅花盛开的城市，正是文人自身嗜花，才使扬州出产不少像汪士慎一样擅画梅花的画家。

李鱓的花卉画

李鱓（1686—1760），字宗杨，号复堂，别署懊道人，生于兴化，晚年定居扬州，卖画为生。

李鱓学画，最初从家乡魏凌苍先生学山水，作品明秀苍雄，进步神速，很快超过其师。又曾在高邮其族兄处学画，打下了扎实了基本功，后来他入都从蒋廷锡学花卉，受到蒋画文雅秀逸风格的影响。但李鱓竭力摆脱宫廷画的束缚，在京城他又师从著名画家高其佩，改工笔为泼笔勾勒，画风为之一变。在扬州他曾拜访石涛和尚，因作破笔泼墨，画亦奇。他吸取众长，融会贯通，然后“自立门户”，形成自己独特的风格。张庚评论他的画：“纵横驰骋，不拘绳墨，而多得天趣。”郑板桥说他“规矩、方圆、尺度、颜色，浅深离合，丝毫不乱，藏在其中而外之挥洒脱落皆妙谛也”。李鱓在扬期间，经常寄食于寺院中，和同时期的八怪画家都有交往，今藏于苏州博物馆的一把折扇，上面有黄慎作的菊花，李鱓在花的左侧题的诗，边寿民作的联句，这也是三人合作一把扇面的惟一一件。乾隆十一年（1746），扬州贺园一枝莲头上长出了红、白荷花各一朵，贺园主人贺君召借机宴请宾客，李鱓应约到会，题诗一首，贺君召后来将所有的吟咏之作汇编为《东园题咏》一书。

李鱓的花鸟画成就极高，郑板桥称他"花卉翎羽虫鱼皆绝妙，尤工兰竹"，他继承沈周、林良、陈淳、徐渭、石涛等人的写意花鸟技法，又宗法唐宋诸家书法，其中受苏轼、黄庭坚影响较大。他在绘画中参以中锋篆录书法用笔，加以变化，另开蹊径。特别在水的运用上，有独到之处。他在乾隆十四年题《冷艳幽香图卷》中自称："八大山人长于笔，清湘大涤子长于墨，至予则长于水。水为笔墨之介绍，用之得法，乃凝于神。"笔与墨生动结合，妙在用水，他对于自己用水的本领，是非常自负的。确实，他的一些写意作品，如《土墙蝶花图》、《墨荷图》、《芭蕉萱石图》等，用笔挥洒自如，泼墨酣畅淋漓，线条生动流畅，给人一种清新活泼的感受。现藏于中央工艺美术学院的《花卉册》十幅，作于康熙五十三年（1714），是他的现存最早的画。他的著名作品，有乾隆七年（1742）所作《荷塘清趣图》，十六年（1751）所作《秋柳鸣禽图》，十八年所作《花卉册》，十九年所作《玉兰春色图》、《城南春色图》等。

李鱓绘菊，多所寄寓，这和他的身世有关。他使自己人生每个阶段的情形在菊画中均有所反映，有所寄托，形成菊的种种姿态，留下不同的美的造型。譬如早年，李鱓心高气傲，为宫廷放逐，心中不服，满腔怒气，无处发泄，便画《竹菊图》，题为"自在心情盖世狂，开迟开早说何妨。可怜习染东篱菊，不想凌云也傲霜"。此时为雍正十二年（1734），表现的是傲菊，不能在宫廷"凌云"，到了民间，也要"丹青纵横三千里"，

李鱓绘松菊犹存图

有傲霜之志。到了卖画期间,心境较为颓唐,“盖世狂”的狂气没有了,笔下之菊有点傲,又有点使人可怜了:“昨夜灯前残烛影,影朝纸上傲霜枝。黄金碧玉徒争艳,卖与豪家佐酒卮。”意境与边寿民所绘“未知秋色落谁家”之菊相似,有苍凉之感了。乾隆十六年,在扬州作《篱菊图》,并写了“道人刻意伤迟暮,不写春丛画晚芽。一种孤芳傲霜意,生成原是后开花”。以秋菊自比。

李鱓绘菊,喜作动物,与菊相伴。乾隆十四年(1749),他曾经为一位“硕衎学兄”作花鸟长卷,其中有《草虫菊花》与《鹌鹑菊花》,此卷现存南京博物院。菊花丛前有鹌鹑,题为“野菊无人花自新,画完秋草画鹌鹑。农田亦有鹌鹑斗,关系输赢不到人”。就画面的意思看,对于人间的争斗有厌倦情绪,描绘动物的争斗,悲叹其自相残害。李鱓《菊鸡图》意思仿佛,图中之鸡甚为困顿,处疲惫状态。此图作于“辛亥之秋”,即雍正九年(1731),时值李鱓二度入宫,题句为“草际长身百结衣,秋来赢得稻粱肥。为人争胜诚何意,惹得奔奔没处飞”。视菊花为秋草,仅仅为一种衬托,重点在写鸡。鸡是忏悔之鸡,“为人争胜”,有忙到头来一场空的感慨。

种菊高手

清代扬州种菊风气极浓,涌现了不少种菊的行家里手,《扬州画舫录》中就载有几个,特别著名的便是六安秀才叶梅夫,其“善种菊,与傍花村种法异,不接艾梗,不植篴篨。先去蝼蚁、蚯蚓荐食诸病根,松青紫杞,都归自然”。其人还著有

《将就山房花谱》，他将菊花按色彩分类。其所种的铜雀争辉、老圃秋容皆异艳绝世。叶梅夫生性孤寂自负，酒醉后常常若无其事般的将价值百缣的名花赠送给他人。若不屑与此人交往，虽出重金，亦不愿交往，更谈不上送花。其曾想以独得之奇菊，广种于天下，乾隆四十二年(1777)，来扬寓居倚虹园年余，当地人多在其酒酣时获得他所赠的菊花。

清代林苏门所撰的《邗江三百吟》一书中专门写了《傍花村寻菊花叶种》一吟，讲述叶氏留下来的品种，当然这和叶梅夫有无关系尚须研究，他写到：

村在北门外，叶公坟相近。周围约三四里许，无别花，惟菊而已。内有竹庐草舍数十家，皆种菊为业，名曰“傍花村”者，以其一村皆花也。二十年前，有叶姓自远方来，携异样好菊种留于村，教以殖法，不数日飘然而去。其或即叶公坟后裔耶？秋间观者如堵，无不忆及此事，无不寻玩叶家菊花，故相传为“叶种”。

一个名村四围住，不知栽竹不种树。
佳日清光最宜秋，讴歌传播在扬州。
扬州稠密东篱寡，此村大抵傍花者。
突如其来一人携，逍遥爱菊翩跹下。
红红白白掌中圆，亲殖稀奇不记年。
岂为投桃思报李，亦非高价青铜钱。
邗上花晨任豪纵，留遗可作陶潜梦。
况邻墓木风露清，从兹睹物思人重。
我亦浪游愿学狂，眼底时事感维桑。
偶然吟到村边玩，毕竟黄花晚节香。

扬州最著名的种菊地方是傍花村，据《扬州画舫录》记载："傍花村居人多种菊，辟萝周市，完若墙壁，南邻北垞，园种户植，连架接荫，生意各殊，花时填街绕陌，品水征茶。"他还引用了乾隆间文人沈大成所作的《傍花村》诗：

杖藜城外去，一径入烟村。
碧树平围野，黄花直到门。
乱雅投屋背，老犊系篱根。
寂寞深秋意，王蒙小笔存。

细致地描写了傍花村一带种菊的盛景。清代小说《玉蟾记》第一回"恬淡人读史问天"，便记载了傍花村的一个卖花老汉的生活，所谓"老圃偏饶晚节香，曾携鸦嘴种花黄。清晨采菊新城卖，午后听书到教场"。正是由于扬州有种菊风气，菊花在扬州随处可见。

《扬州览胜录》卷一载：

至城内之艺菊专家，以清光绪间臧太史宜孙为首屈一指。太史爱菊成癖，自号菊隐翁，筑有问秋馆以为艺菊之地，并著有《问秋馆菊录》，分菊为绝品、逸品、上品、中品、次品、又次品诸名目。次则萧君畏之、陈君履之。畏之江都布衣，工于诗，幼学诗于宜孙太史，著有正续《萧斋诗选》，其艺菊地署曰萧斋。萧斋之菊，霉扦为多，以其花迟耐久，可开至来年春二月也。其曾作诗："二月犹开秋后菊，六时不断雨前茶。"盖纪实也。履之江都诸生，亦冶春后社诗人，中年隐于医。家居石牌楼，宅后辟老圃一区，艺菊百种，如所养之翡翠翎、金铙、虎须之属，瘦如幽人，淡而有致。自太史与萧、陈二君物故后，艺菊专家则推画师吴君笠仙、顾君吉庵。吴君不独善养菊，并以画菊得名。菊开时，每晨起，罗列盆菊于几案间，对花写照，无不各得其神理。顾君幼学画于莲溪上人，各体俱备，年七十后画愈苍劲，种菊之兴亦未衰。若湾子街之梦园主人方君声如，亦并以善养菊称者也。

扬州三菊

扬州菊花，除栽培菊花外，还有并称为“扬州三菊”的剪纸菊花、通草菊花、绘画菊花。扬州剪纸源远流长，隋炀帝在扬州时，曾令宫女们依照民间剪纸，用彩锦剪为花、叶，点缀在冬天的树上，称为“剪乐”。在唐代，扬州已有剪纸迎春的风俗，立春之日，民间剪纸花，“或是于佳人之首，或缀于花下”，相观以为乐，扬州剪纸向以花卉为主，清朝嘉靖、道光年间，著名艺人包钧便经一剪之巧而闻名，称为“神剪”，给他以“任他二月春风好，剪出垂杨恐不如”。

剪纸菊花以张永寿(人称“张三麻子”)之作最为出名，张永寿(1907—1989)，出生于剪纸世家。他和他的父亲张金盛(1868—1950)都是排行第三，先后以“老张三麻子”和“小张三麻子”的艺名享誉大江南北。张永寿的剪纸，线条婉转流畅，具玲珑剔透、清新秀丽的艺术风格。其剪纸题材以花卉为主，剪菊尤佳。1958 年他配郭沫若《百花齐放》诗集，剪出了 101 幅花卉图案作品，形态逼真，栩栩如生，受到郭沫若的赞赏，并为其题写《〈百花齐放〉剪纸》书名(1959 年出版)。随后，他又剪制了《百菊图》，并出版发行。《百菊图》共有 101 幅，是张永寿剪

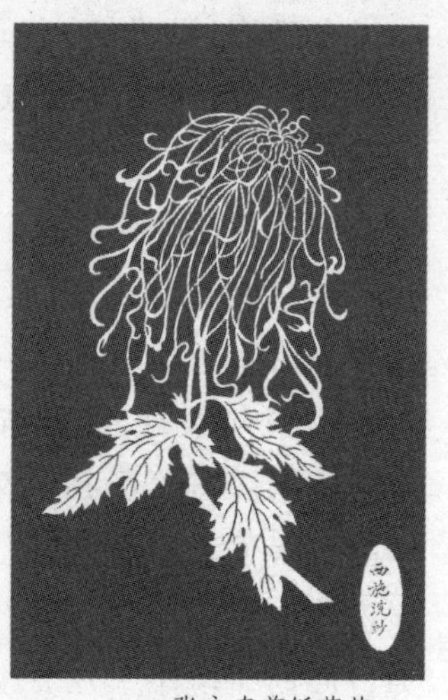

张永寿剪纸菊花

菊艺术的结晶，名种佳品，跃然纸上，千姿百态，引人入胜。如“珍珠球”状如攒珠，相抱成球；“白玉冠”犹似脂玉，形若冠帽；“旭日东升”花肥叶壮，欣欣向荣，素有“菊王”之称；“晚霞千里”英姿勃发，鲜艳异常，堪得“美菊”之誉；还有那“双飞紫燕”似翩翩起舞，给人以“双双燕子报春来”的遐思；那“孔雀开屏”如翠羽春光，令人起“奏霓裳羽衣之曲”的联想。1979年他出席全国第二届工艺美术创作设计人员代表大会，被授予“工艺美术家”称号。

通草菊花以钱宏才的制作享有盛名。钱宏才1921年出生于制花艺人之家。他从1953年秋开始制作第一盆通草菊花——紫红色的“胭脂上翠”，随后又制作了一盆淡红色的“盛世之裔”。由于他的精心制作，作品一出来便能以假乱真，真是巧夺天工，一鸣惊人。此后，他又多次用通草制作菊花和其他花木，皆形态逼真，被称为“不谢之花”。

绘画菊花以吴砚耕(女)最为出名。吴砚耕的画菊，兼工带写，立意新颖，其作品既显示扬州优秀传统画家之章法，又洋溢着时代的生活气息。她的作品多次在省、市展览，并先后参加在西德、尼泊尔、中国香港举办的中国画展，许多墨客为之咏诗赞颂，著名文学家叶恭绰为她写“扬州菊谱”题签；名画家陈半丁为之题词曰“百花齐放”；1964年6月，郭沫若先生看到了吴砚耕的画菊，赞赏之余，特书七绝一首相赠，诗云：“菊丛饶有阶级性，敢与严霜作斗争。花不飘零根不死，东篱岁岁茁新生。”

1980年3月，江苏省外办和省工艺美术公司在香港举办工艺美术展览，“扬州三菊”被列为艺术精品，特设专室展出，作品点缀了港城春色，使香港各界观众一饱眼福。而张永寿、钱宏才、吴砚耕三位先生用毕生精力所创制的菊花作品，亦为古城扬州增添了几分绚丽多姿的色彩。

名花名胜

花卉是园林的精魂，是园林所有元素中最为重要的一个，没有一个园林可以缺少花卉，园林中的许多亭台楼阁还常常用植物命名，还常常专门设计了供主人或客人赏花的建筑，并注意和周围花卉的和谐，使之草木葱茏、名花荟萃、四季有景。

园林设计师在设计园林时主要根据所栽种名花古木的多少，再进行匠心独具的配置。一些古代研究园林的著作都曾专门谈到过园林中花木的布置，

个园壶天自春

《秘传花镜》中的“种植位置法”写到：

> 如园中地广，多植果木松篁；地隘，只宜花草药苗，设若左有茂林，右必留旷野以疏之；前有芳塘，后须筑台榭以实之。外有曲径，内当垒奇石以邃之。花之喜阳者，引东旭而纳西晖，花之喜阴者，植北圃而领南薰。其中色、相配合之巧，又不可不论也。

书中还对一些园林中花木最宜种植的位置作了说明，如牡丹、芍药“宜玉砌雕台，佐以嶙峋怪石，修篁远映”，梅花“宜疏篱竹坞，曲栏暖阁，红白间植，古干横施”，桃花“宜别墅山隈，小桥溪畔，横参翠柳，斜映明霞”，荷花“宜水阁南轩，使薰风送麝，晓露擎珠”，菊花“宜茅舍清斋，使带露餐英，临流泛蕊”。明代计成的《园冶》、文震亨的《长物志》都对园林花卉栽植作过深入的研究。

作为古典园林比较集中的文化名城——扬州，在造园方面也非常讲究花卉的配置，注重突显地方特色。园林也成为扬州最为集中、最具特色、最为精致、最具文化的赏花之地，成为文化的精神家园。而要谈起名花名胜，我们则主要说园林与寺院，以及一些庭院中的名花。

园林花木

扬州园林秉承中国古典园林的传统，非常注意植物的栽培、种植，几乎所有园林都栽有各种名花，植有古木。即使是清代之末或民国初年所建的园林，也在设计规划园林时，都要精心、认真、详细地考虑园林花木的来源。几乎所有的园林，都以有百年古木、名花成群引以为荣。这一方面是这些寿命长久的古树名木，在长期的时间内积累了人文价值，成为活的文物，有重要价值；另一方面扬州造园，是在旧家废园遗址着手造园。否则，亭台楼阁、山石水池，虽可以建而新之，却难有苍松古柏、老槐高桐荫蔽，没有了历史意境、古老的氛围，园林建筑再好，也要因此黯然失色。以古木著名之园林，譬如郑元勋家影园的古桧，具有“偃蹇、盘辟、拍肩”之势，其旁更有一桧，“亦寿百年，然乎小友”（清嘉庆重修《扬州府志》

望春楼图

卷三十一)；又有“西府海棠二，高二丈，广十围，不知植何年？称江北仅有”(清嘉庆重修《扬州府志》卷三十一)。清人王士明的《早春南郊访影园故址》中仍有“名花甲天下”之称。又如湛若水所筑甘泉行窝，有“银杏一树，大将十围，高十馀丈”(清嘉庆重修《扬州府志》卷十九)。倚虹园卷石洞天石隙，有“老杏一株，横卧水上，夭矫屈曲，莫可名状。人谓北郊杏树，惟法净寺方丈内一株与此一株称为两绝”(《扬州画舫录》卷六)。“永叔荷花魏公药，千载风流春有脚”(梁章钜《棣园》的诗)说的是园中的古树名花，此外，寄啸山庄里的“双槐”与平园内的“广玉兰”，都是废园故址旧植，而后成为新园景物。

扬州古往今来，有不少园林系以花木命名的。盐商马曰琯的街南书屋便有红药阶、藤花庵、梅寮等十二个景点，其中以“玉玲珑山馆为最”；如吴家龙家的“双槐园”，汪蛟门家的“百尺梧桐阁”，张琴溪家的“双桐书屋”，陈敬斋家的“梅庄”，以及 “杏园”、“万柳堂”、“双树庵”、“嘉树园”、“柘园”、“桃花庵”、“藤花庵”、“桃花坞”和“万松叠翠”、“长堤春柳”等；园中的房廊、山石，皆为臣属于古木名花的“附庸小国”。

扬州园林的名花，也和古木一样，占有相当突出的地位，在众多名花中尤以芍药为最。北宋陈师道在《后山丛谈》中云：“花之名天下者，洛阳牡丹，广陵芍花耳。”苏东坡称扬州芍药天下冠。(胡仔《苕溪渔隐丛话》)。陈淏子《花镜》中也说：芍药唯广陵天下最。李斗也称“扬州芍药，冠于天下”。《扬州画舫录》卷十五载：“筱园本小园，在廿四桥旁，康熙间土人种芍药处也……园方四十亩，中垦十余亩为芍田，有草亭，花时卖茶为生计。”筱园改三贤祠后，仍有瑞芍亭，“在芍栏外芍田中央”。清人有不少到筱园看芍药的诗文。清代汪氏勺园也有芍园，《扬州画舫录》卷六载“廊内芍药十数畦”，容园也种有芍药，蜀冈东的竹西芳径也有芳药圃。江春的水南花墅园林芍药曾在乾隆己卯“开并蒂一枝，庚辰开并蒂十二枝，枝皆五色”(《扬州画舫录》卷十二)。诗人鲍皋在《运使卢公招同江园赏芍药》开头便是“广陵花会近如何？江氏园林万玉多”。

史公祠芍药亭两侧，所种芍药皆为名种，仅金带围就有三株，以倚墙两株，最为枝繁花茂。每届花时，往观者络绎不绝，后此花被人移走，此花再也不开。

卷石洞天

在扬州园林的花木中，可以与芍药媲美者，即为盛称洛阳的牡丹。平山堂真赏后，就筑有洛春堂：“堂前叠石为山，种牡丹数十本。花时宴赏，群屐咸集。”(《平山堂图志》卷一)卷石洞天里有牡丹厅，趣园有牡丹坪，白塔晴云有清妍室，万松叠翠有清阴堂，倚虹园有领芳轩，九峰园有谷雨轩，每届谷雨之时，花满扬州，但以郑元勋家影园牡丹为最盛。《芜城怀旧录》卷二载：谢氏勤业堂，“堂前小山叠石，花木清妍，而牡丹最盛。花时,与二三文士为文酒之会,谢翁日徜徉于其中以自娱焉”。大盐商江春的康山园曾开出过并蒂牡丹,嘉庆十年进士黄承吉专门作《康山赏并蒂牡丹》,开头便是“此堂玉树称连理,今日绯花作并头”。光绪年间扬州举人陈重庆曾作《公园亦开红牡丹一朵,或曰瑞也》,专门讲述公园内的红牡丹盛开时的情景。

扬州园林中较为常见的花卉除芍药、牡丹之外,应该算是梅花,梅花的孤洁、高傲、柔韧、峭拔、幽然的性格与中国许多文人的人格追求相似,因而在园林中广植梅花成为文人园林中的一个特征,郑板桥在《梅庄记》里专门记述爱梅如痴的一位种花人。在本书“名花诗文”篇中录有此文。在筱园,雍正十三年举人蒋德作《筱园看梅》一诗:“钟声亭午下坡陀,别有寒香引客过。却与山堂相映带,只争清瘦不争多。”清代张四科《南楼令·月夜让圃梅花下作》有“楼外月如霜,疏花几树芳”之句,也是描写让圃里梅花触动他的思绪、激动不已时的感慨。至于扬州赏梅集中的小香雪,《扬州名胜录》卷四载:“小香雪即十亩梅园,在今万松岭内,西界平楼,东至万松亭后坡下,其北寿藤、古竹、轇轕不分。修水为塘,旁筑草屋、竹桥、制极清雅。”清代瘦西湖二十四景之一的平冈艳雪,据《扬州名胜录》卷一载:“渔舟小屋居平冈艳雪之末,湖上梅花以此地为最胜。盖其枝枝临水,得疏影横斜之态。”此处之所以称平冈艳雪,据《扬州览胜录》卷一载:“北郊土厚,任其自然增累成冈。间载盘礴石,石隙小路横出,冈硗中断,盘行萦曲,继以木栈,倚石排空,周环而上。溪河绕其下,愈绕愈曲。崖上多梅树,花时如雪,故(桃花)庵后名平冈艳雪。”至于梅花岭,原是明万历中,太守吴秀开河积土而成,后广植梅花而名,所谓“吴公守扬州,植梅满北郭”(张四科《偕乐园》诗)。据《扬州览胜录》卷一载:梅花岭“旧种梅花数百株,皆玉蝶种,花比十

史可法画像

亩梅园迟开一月。极高处有山亭、六角，花时便不见亭。”梅花岭下有抗清英雄史可法衣冠冢，“墓左右植梅二株、古松数本。旧有墓草长数尺，与西湖岳坟草相似，名曰‘忠臣草’……岭上下种梅数十株，花时香绕墓门，公之精魂直与明月梅花同香万古”。康熙四十九年贡生、兴化人徐永誉的《梅花岭歌》中有“野棠杂卉满隋堤，独有梅花看不足。梅花到处吐清芬，最盛偏在史公坟”，“阁部坟边古岭春，花依祠宇倍精神”，(王士明《史公祠探梅》诗)，梅花与史可法精神的契合，使这里又成为扬州赏梅、探梅、缅怀先人、激烈后人的的好地方。

扬州园林的花木，桂花、桃花等也较为常人所见，其次有松、柏、椐、榆、槐、柳、梧、桧，有黄杨、海桐、女真、棕榈，有碧桃、红杏、白李、枇杷、木樨、丁香、绣球、银薇、紫藤、银藤、凌霄、木香、枸杞、香橼、海棠和垂丝海棠、辛夷、玉兰、广玉兰，以及月季、十姊妹、芙蓉、天竹、山茶花、芭蕉、虞美人、兰蕙、书卷草等品种。并有来自西域的莎罗、无花果、胡椒诸种花树。普遍用作绿化的，多为松竹，尤以绿竹居多。不少的园林，都以栽竹为雅事，历千百年而不衰，园主以有“不可一日无此君”的“雅兴”和“宁可食无肉，不可居无竹；无肉使人瘦，无竹令人俗”的“雅意”为荣。唐代诗人姚合在《扬州春词三首》中也云：“有地惟栽竹，无家不养鹅。”扬州种竹的历史及其“雅

↑玉兰

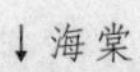

↓海棠

好”，那是久远的了。竹的种类，不下百数。农家所种之竹，大都为牙竹和篾竹；园林所种之竹，除牙竹、篾竹而外，还有斑竹、紫竹、罗汉竹、方竹和品赏竹。扬州之竹，不仅是农家的一项生产事业，有“栽竹养羊千倍利”之说，而且是园林设景不可缺少的花木。扬州有不少园林，是以竹名园的，如筱园、个园、居竹轩、水竹居、听箫园等；也有以竹名景的，有“笼烟筛月之轩”、“花潭竹屿”、“青琅于馆”、“竹楼小市”等；其中，以竹取胜者，当推“蜀冈朝旭”的“竹胜”。《扬州画舫录》卷十五载：“蜀冈朝旭，李氏别墅也……今归临潼张氏……张氏因之，辇太湖石数千石，移堡城竹数十亩，故是园前以石胜，后以竹胜，中以水胜。”其“厅后方塘十亩，万竹参天”。但竹之最盛者，无过于“锦泉花屿”的“菉竹轩”，有“一路浓阴淡冶，曲折深邃”之致。李斗记云：

菉竹轩，居蜀冈之麓，其地近水，宜于种竹。多者数十顷，少者四五畦。居人率用竹结屋四角，直者为柱楣，撑者榱栋。编之为屏，以代垣堵，皆仿高观竹屋，王元之竹楼之遗意。张氏于此仿其制，构是轩，背山临水，自成院落。盛夏不见日光。上有烟带其杪，下有水护其根。长廊雨后，劚笋人来。虚阁水腥，打鱼船过。佳构既适，陈设益精。竹窗竹槛，竹床竹灶，竹门竹联。联云：“竹动疏帘影（卢纶句），花明绮陌春（王维句）。”盖是轩皆取园之恶竹为之，于是园之竹，益修而有致。

明代邹迪光在《愚公谷乘》中说了这两句话：“园林之胜，唯是山与水之物。”可谓至理名言，水是扬州古典园林的活灵魂，所谓“名园依绿水，野竹上青霄”便是扬州园林的写照，瘦西湖在内的扬州环城水系畔，建有大量的园林便是一例子，水给园林注入了活力，湖上园林便成为扬州园林的一大亮点。清代团维墉的《湖上花曲》有"湖上花，东家园子接西家"。他讲湖上每家园子都有花。水面上自然会有荷花，湖上观荷又成了人们游园时的一种享受，清人仲振奎的《湖上观荷》便有"三十六陂外，虹桥花最芳"，清人孙枝蔚《红桥》诗中也有"歌声传《水调》，女伴折荷花"，他还在泛舟城西游览园林到达红桥时又写了"秋水如明镜，秋荷若红颜"的诗句。莲花桥建在荷花盛开的水面上，又怎么会不让这里成为著名的赏花之地呢？

余下的花木，藤花有"藤花榭"之设，苦楝有"楝亭"之构，山茶筑有"曼陀罗花馆"，争春官的杏花，垂杨官的垂柳，桃花坞的桃花。

李斗所写湖上园景，以及《休园记》、《影园记》、《东园记》所述花木种植与景物交换，不是《长物志》所概括得尽的。例如扬州北郊平冈艳雪一景，其用"水局"，使之"夏月浦荷作花，出叶尺许，闹红一舸，盘旋数十折，总不出里桥外桥中，更于"其上构清韵轩"（《扬州名胜录》卷一），称为胜迹；又如临水红霞，于松楸其旁，"植桃树数百株，半藏于丹楼翠阁，倏隐倏见"（《扬州名胜录》卷一），称为胜景；再如蜀冈朝旭，于"（来春堂）厅后，（凿）方塘十亩，（育）万竹参天，（其）中（筑）有竹楼"（《扬州名胜录》卷四），称为胜构。因之，扬州园林花木，亦有因花木而构景的做法。趣园便是"随处都成趣，天然竹与梅"（清嘉庆皇帝诗）。吴氏"双槐园"，因有古槐两株，遂构楼阁亭台，名为"双槐园"。因古木名花构筑园林，给人以景观常改、耳目常新之感。此种常改、常新的园景，非山石水池、亭台楼阁等建筑所能做到的，惟有与花草竹木相伍，才能收此殊效。古木名花，不仅使亭台增色，楼阁生辉，且还能赋之以诗情画意。再如贺氏东园，在清代乾隆九年五月，园开赤白莲花一枝，"时（人）以为瑞（兆），御史准泰为之唱（和），同作者(有)江昱、江恂"等名士,以及"朝鲜布乐亨在公"等二十余人,留下不少诗篇和题咏。(《扬州画舫录》卷十三)这种唱和,我在其他章节也作了一些叙述。此即是花木的作用。扬州园林中的花草树木,由于与亭台楼阁、山石水池配伍得当,更是形成扬州独特的园林特色。

宋代大画家郭熙说:"山以水为血脉,以草木为毛发……故山得水而活,得草木而华。"仿照自然山水而建的园林对植物景色的引入也就特别在意了,许多园林将植物拟人化的运用,使整个园林充满了生机,瘦西湖引人之处在于其繁花芳草、佳木秀竹姿态纷呈,变化万千,又与楼台亭榭、虹桥画舫相互映衬,融为一体,形成统一的自然画面。人在其中轻松自在,毫无压抑之感,达到了天人合一、心灵宽松的境界,这正是古人追求的。

大虹桥

盆景园一瞥

花木的栽种给园林增添了一层富有生机的绿色，扬州园林的花木，除掉孤植散植、丛植园植者外，更有盆栽、盆景之莳。“盆栽”，即植花木于盆；“盆景”，即拟景物于盆。盆栽，分花草与竹木两类。如兰蕙、文竹、蒲草、玉簪、菊花、海棠、水仙、山茶、杜鹃，皆属花草盆栽；如春梅、紫薇、榆桩、绿竹、松柏、虎刺、枸骨皆属竹木盆栽。盆景，分为树石与水石两类。如松石、竹石，皆属树石盆景；如题名“赤壁泛舟”和“春绿江南”的山水拟景，皆属水石盆景。盆栽与盆景，隋唐即已有之，兴盛于明，鼎盛于清，最盛于园林。园主人以此为厅堂、轩馆、台榭、楼阁、书房陈设之备，使室内景观常更、景色常新。这当然是一番话题了，著名园林学家童隽曾说过：“园林无花则无生气，盖四时之景不同，欣赏游观，怡情育物，多有赖于东篱庭砌，三经盆栽，俾自春至冬常有不谢之花。”正是由于扬州园林注意到花卉栽培，因而扬州园林既形成自身的特色，也成为了扬州重要的赏花之地。

寺院花木

谈到扬州寺庙内的花木园囿,这既是扬州寺院建设个性最为明显之处,亦是最具扬州地方特色之处,也是人们最着眼、注意的地方,这些寺观园林的古树名木更是寺中精华,为寺增添了不少盎然之意与悠久的文化气息。

这些寺观园林有的布局规正,有的自由活泼,有的因地而建,有的精雕细刻,有的地处城中,有的留于郊野,但它们都是为人们在崇拜和瞻仰之余的休憩放松、游览而建,以增加人们逗留寺庙的时间,它们都表现出了两个最为显著的特点:一是寺庙园林带有某些公共园林的性质,本质上仍然是一种园林，特别是一些寺观由部分住宅改建而成,即所谓“舍宅为寺”,因而更和一般城市园林一脉相承,对花卉栽培、种植也相当注意,具有类似今天现代城市广场的功能,市民百姓、香客游人在特定时间里能自由进入。二是寺庙中的园林花木由于有僧人们的管理、剪修、护养,树木生长的年代往往能很久，扬州的古树名木不少都是寺院留下来的。最早的琼花便是在大明寺内,具有较高的历史和审美价值。它们和寺中的楼台亭阁、佛塔大殿一起组合成寺观园林，成为中国园林中极为重要的组成部分。

大明寺琼花

所谓的宗教园林，也就是中国

宗教建筑的园林化，以及中国宗教的园林(山林)化的文化特征在宗教建筑上的具体体现，它讲究建筑主体与周围植物之间的协调，在整体环境设计上利用了中国传统的园林艺术，营造出了自己的宗教信仰境界；或在山水林泉的优美环境下建造寺庙宫观，所谓“天下名山僧占多”，便是说此，这样周围的植物与山水共同构成了以自然山水为主体的园林环境；或借用世俗园林的各种手法，使寺庙宫观形成了以人工山水为主体结构的传统园林。宗教园林与世俗园林之间也有相互转化的关系，许多园林在某一时期可能为宗教园林，有时又会成为世俗园林，著名的苏州狮子林、沧浪亭都曾为庵寺，又为私人园林。因而宗教园林既有与世俗园林的共同性，但又因其为宗教园林而又有别于世俗园林的个性，即宗教园林把自然风景、花木栽置纳入了宗教建筑的构图设计里，作为建筑物的环境来加以处理，而且更主要的是，宗教园林是在利用山水林泉、花木小品等自然条件，为自己的信仰境界(天国或仙境)构造一个精神的和情感的植物环境。

中国宗教建筑的园林化，强调自然景色的因借，强调花木的观赏价值及其庇荫和配置园林空间的作用，强调彼此间的和谐，即所谓“一花、一竹、一石，皆适其宜，审度再三，不宜，虽美必弃”(明郑元勋《影园自记》)。在中国僧侣们营造的宗教环境中，人们没有西方宗教那种渺小自我的空间感，反而觉得个人与整个空间是浑然一体的，互相渗透，互相联系，没有显明的隔阂，没有人神之间的紧张对立，人们可以在花木、山水、建筑之间自在悠然、轻松自得地体悟那“天国”和“仙景”，不知不觉地接受了宗教的教旨，人间的山水林泉、草木花卉也如佛国彼岸、道仙妙景，这又确如人间的桃花源。人与佛、仙之间的关系因为有了真切的花木而显得异常的亲切和贴近，当中国人的生活中处处有宗教意味时，你就会了解人与宗教的亲切。而这些通过宗教园林中的花木布置与设计地可以清楚看到这一点。

大明寺西园

人与神之间的自然平和、亲切的关系，可以说是中国宗教文化的重要一面，就是这种文化使得宗教园林的花木设计与布置处处体现着这种关系，这就是研究中国宗教文化中的花木之背景。

落花闲庭，爱花景随时，且作清游寻胜地。

莲香池静，问弦歌何处，更教思古发幽情。

这是河北保定古莲花池君子长生殿正门两边所挂的楹联，今天的宗教园林既是名胜古迹所在地，同样也是我们宗教中的花木文化的场所，这副楹联确是表达这种思绪。

扬州寺庙有不少直接以树木命名的，如隆庆寺因有两棵老树，阮元便将其改为双树庵，清人王士明《双树庵谈经图》诗："石壁苔痕绕屋青，当年曾此坐谈经，诸天花落无人见，只许一双老树听。"其外还有桃花庵、琼花观、竹林寺、木兰院。清代，扬州八大丛林之首的天宁寺，不仅有行宫御苑，而且还有个方丈兰若。《扬州览胜录》卷一载：兰若在寺东侧，"首进客厅二楹。客厅东北有僧楼两座，东西并列。庭前花木幽深，饶有山林逸趣。寺藏名人书画极多。楼下中楹曾悬兴化郑板桥所书中堂一幅，字杂隶、楷、行，极有风趣。内藏莲溪所绘鲤鱼，亦精绝。寺僧多于楼下宴客，游人到此，每有超然出尘之想。”是园尚有十八罗汉松盆景，排列楼前，原是明代旧植，距今已四五百年，仅存其三。其中如伞如盖者，曾在全国盆景展览评比中，名列第一，传为胜迹。“御苑”在寺(之)西侧。苑有“大观堂”，其旁为“御书楼”。楼上额曰“文汇阁”，楼下悬乾隆御书“东壁流辉”匾。楼外“碧水环之”，为“卍”字河。右为修廊，前为御碑亭(见清《两淮盐法志》卷四)。四周栽花埴木，叠石垒山，气象庄重。《扬州览胜录》卷一载：寺内旧有银杏二株，为晋太傅谢安手植，清雍正间，徐太史葆光题“晋树亭”额。阮亨《广陵名胜图》中写道：

(天宁寺)旧传为(东)晋谢安别墅，义兴(年)中，有(尼泊尔)梵僧佛驮跋陀罗尊者，译华严经于此。褚叔度为(此)请于谢琰，舍(之)为兴教寺。寺中有万佛楼，供佛(一)万(又)一千一百尊。(寺)在唐(代)为证圣寺，宋(代)改(为)天宁寺。(清)圣祖仁皇帝(康熙)屡赐御书墨宝。乾隆十六年、二十二年、二十七年、三十年、四十年，皇上五次临幸(于寺)。御制联额、诗章、书籍、法帖、图画、经文，颁赐稠叠。其右为皇上行宫(御苑)。(乾隆)二十七年三月，御题“大观堂”额，并书对联诗章。(乾隆)三十年，御题“省方设教”额，(并书)“商鼎周彝自典重；槛葩苑树相芬芳”一联。又五言古诗一首，五言律诗二首，七言绝句四首。(乾隆)四十五年，御题“静吟轩”额，(并书)“成阴乔木天然爽，过雨开花自在香”和“窗虚含爽籁，座静接朝岚”二联。又御制五七言诗七首。(乾隆)四十四年恭建“御书楼”，内供皇上颁赐《钦定古今图书集成》全部，(因是)御题“文汇阁”及“东壁流辉”额。(乾隆)四十五年，御题五七言律诗各一首。(乾隆)四十七年，颁到端石《兰亭》全卷。

天宁寺还开有牡丹，清末诗人陈重庆《天宁寺看牡丹》有："两丛魏紫斗姚黄，特借名花作道场。"他在另一首有关天宁寺看牡丹的诗中有"谢公丝竹今安在，一朵嫣红护佛慈"。名花与道场相映，正是佛教所要求的。天宁寺及其西园御苑，以及高旻寺及其南园"御苑"都是康熙、乾隆南巡驻跸并赋诗的。

扬州高旻寺，清代康熙四十二年(1703)两淮商人(于寺)建行宫，并建御苑。康熙御赐"高旻寺"额，"又移大内金佛，遣官斋供(于)寺中"。乾隆六次南巡，颁赐御书联额、诗章、法帖、内典等文物图书。御书联句有"绿野农欢在，青山画意堆"与"清风明月取无尽，山峙川流用不穷"两联，并颁《广陵涛疆域辨》一篇。康熙行宫御苑，筑于寺南偏，由"右宫门入书房、西套房、桥亭、戏台、看戏厅。厅前为闸口亭，亭旁廊房十余间，入歇山楼；厅后石版房、箭厅、万字亭、卧碑亭"(《扬州名胜》录卷二)诸胜。御赐"罨画窗"一匾，原系承德避暑山庄一景题额，因高旻寺御苑与之相似，有所感而题赐，有邗江胜地之称。乾隆三十一年进士管干贞作《高旻寺池亭观梅》一诗，记载了他到高旻寺赏梅的情景：

停帆探胜地，古寺满春云。
水榭幽孤坐，林香晚自闻。
闲知阅鸟性，清喜谢僧群。
爱惜不能去，村烟暝夕曛。

扬州寺观园林，以文学艺术盛称海内外者，以城东北三里上方禅智寺园为最。《扬州画舫录》卷一写道：

(园在寺左，由)左序通芍药圃。圃前有门，门内五楹，中为甬路，夹植槐榆。上为厅事三楹，左接长廊。

壁间嵌三绝碑，为吴道子画宝志公像、李太白赞、颜鲁公书，后有赵子昂跋。岁久石泐，明僧本初重刻。又苏文忠公《次伯固韵送李孝博诗》石刻。由池入圃，圃前有泉在石隙，《志》曰蜀井，今曰第一泉。寺有八景，在寺外者，月明桥一，竹西亭二，昆邱台三；在寺内者，三绝碑一，苏诗二，照面池三，蜀井四，芍药圃五。

禅智寺与月明桥，同为唐代扬州两大古迹。唐人张祜有诗云："十里长街市井连，月明桥上看神仙；人生只合扬州死，禅智山光好墓田。"杜牧《题扬州禅智寺》五言诗中，有"谁知竹西路，歌吹是扬州"句，因有"竹西亭"一景。另在唐代诗人中，吟咏禅智寺者，如赵嘏有《和杜侍郎题禅智寺南楼》诗，罗隐有《春日独游禅智寺》诗等。诚如罗隐诗中所云的"树远连天水接空"的禅智寺，原为"几年行乐（之）旧隋宫"，虽然"谁知野寺遗钿处（见赵嘏《和杜侍郎题禅智寺南楼》诗），但是"花开花谢还如此"，只不过"人去人来自不同"罢了。园内"三绝碑"，集唐代绘画、诗文、书法三大名家作品于一石，尚有元代书画家赵子昂跋语，也就尤加珍贵，赢得了"竹西芳径"的美名。更有日本请益僧圆仁等佛门弟子，于唐代开成三年（838）年途经禅智寺；西域僧人禅山和尚，曾为禅智寺前桥，书题"月明桥"三字额。因之，禅智寺园林在扬州寺观园林史上，以人文荟萃而名扬海内外。又如南门城外静慧寺里的"静慧园"，北门城外大明寺西的"芳圃"，皆属明清以来的扬州寺观名园。余如南门城外古渡桥北、扫垢山的秋雨庵，虽是"里人杨氏山家之地"，也小有园林之胜。《扬州名胜录》卷三载：

庵四围皆竹，竹外编篱，篱内方塘，塘北山门。门内大殿三楹，院中绿萼梅一株，白藤花一株，缘木而生。两庑各五楹，环绕殿之左右。后楼五楹，为方丈。庵左为桂园，园中桂树是月中种子，花开皆红黄色。右为竹圃，又名笋园，园中有六方亭，名曰竹亭。

这是世俗园林与宗教园林典型的转换。”此处“曲房连移，修亭爽榭”，每在“春秋佳日，游屐甚众”。嘉庆时的周勋曾写过《秋雨庵探梅，筠村观察迟至》，其中有“花因近暖频舒蕊，柳不胜春尽拂丝。楼阁无多堪眺远，僧雏相见也谈诗。今宵拟共花前醉，何事怜才客到迟”。庵中梅树亦成一景。

今日扬州惟一的国家级风景名胜区——蜀冈瘦西湖风景区内就有寺庙在其中园林分布，构成极其美丽的风景，亭亭玉立的白塔与五亭桥相映，成为扬州风景的标志，法海寺更是景观园林中的一部分，使湖上园林又增加了不少宗教文化的意蕴。

在寺观庙林中，植物花卉大都受到僧人们极其精心的种植，平山堂真赏后，就筑有洛春堂：“叠石为山，种牡丹数十本，花时宴赏，裙屐咸集”（《平山堂图志》卷一），而《扬州画舫录》卷四载：“（扬州）花市始于禅智寺，载在《郡志》。王观《芍药谱》云：‘扬人无贵贱皆戴花。’（旧时）开明桥每旦有花市，盖城外禅智寺、城中开明桥，皆古之花市也。”正是由于寺庙种植花木，可能出于经济原因，拿出买卖，从而形成了花市。上方寺的梅花，清人蒋知让说这里的“老梅亦畏寒，经暖花始作”，张彭年说这里“老梅成高林，亭亭抱孤洁。佛地香愈清，花亦解禅悦”，黄道开则在又一篇《上方寺看梅》中作“寒梅格孤清，赏宜就僧院”，称这里梅花更宜欣赏。两淮盐运使曾燠也写过一篇《上方寺看梅》，道出了这里之所以适宜看梅，主要是因为这里的环境：“山门掩修竹，残雪在庭阴。此地罕人

到，梅花看独生。”清代俞国鉴写的《上方寺看梅》则将这里梅树“定识唐宋事”，诗中所表现的那种厚重历史感扑面而来。

著名的法海寺园，由“塔左便门，通得树厅。厅角便门通贺园，厅外则为银杏山房”，得树厅、银杏山房均与寺中树木有关，据载“（旧日）寺中多柏树，门殿廊舍，皆在树隙，故树多穿廊拂檐”，其“殿后柏树上巢鹤鸟无数，其下松花苔鲜，作绀碧色”。（以上引文均见《扬州画舫录》卷十三）郑板桥的《法海寺访仁公》：

参差楼台密遮山，雅雀无声树影闲。
门外秋风敲落叶，错疑人叩紫金镮。
树满空山叶满廊，袈裟吹透北风凉。
不知多少秋滋味，卷起湘帘问夕阳。

其中“树满空山叶满廊”形象地描述寺中树木茂盛的景致。扬州的都天庙，据《扬州画舫录》等书载，庙中“多古银杏树，大可合抱，其上鸟巢不可胜数”。今天存活的许多古树名木与生长在寺院有直接的关联。如生长于古木兰院里的唐代银杏，与唐代石塔相映成趣，成为扬州古城中为数不多的唐代历史符号；天宁寺、西方寺、旌忠寺等寺也都有古银杏树的存在。而大明寺的西园，《平山堂图志》卷一载：“园在蜀冈高处，而池水沦涟，广逾数十亩。池四面皆冈阜，遍植松、杉、榆、柳、海桐、鸭脚之属，蔓以藤萝，带以梅竹，夭桃文杏，相间映发。”寺庙经兵火，到民国年间，“惟余古木藤萝”，“荒池怪石，使怀古者，增无穷感喟”。陈重庆曾专门作过《平山堂下有荷池，可放舟，士人改为田，诗以惜之》一诗，他说开初是“小艇穿花摘花朵，摇波翠盖走盘珠”，“声声低唱采莲歌，与花比似花应妒”，但后来“忽改荷田作稻田，但种香粳不种莲”，这真正是“煮鹤焚琴杀风景，美人秋水空娟娟”。如今嵌在这里，给先人留下的老树枯滕平添了一份古意，很是值得人们珍惜。

名花诗文

赏花一直是古代文人典雅生活的内容之一，在文人心目中人间乐园少不了花木，各个宗教也与花木有着很重要的关联。享受花草之美是享受大自然的一部分，春季的玫瑰、夏日的荷花、秋天的桂花、冬时的梅花无不带来季节的气息，桃红李白、牡丹富丽、茉莉清香、菊傲霜霰、水仙凌波，无不让人悦目赏心、心旷神怡。各个园林无不渗透着古代文人对自然的理解，以及对享受自然的向往，郑板桥在《梅庄记》中说，园林中的“一亭一池、一楼一阁、一台一榭、一廊一柱、一栏一槛、一花一木，皆主人经营部署，出人意表之旨趣焉”。《秘传花镜》一书对园中花木的栽培作了一番详细、周致的论述。历代文人感物抒怀，吟咏不绝，佳作不断，脍炙人口，以致名花诗文成为古代文化百花园中的一朵奇葩。

人们借花喻物，写闺怨、传友情、感身世、抒理想、叹时运；人们也借花言志说理，托物言情，并在所有咏花诗文中力求用清丽洒脱的语言表达对花的观察。我们从历代扬州诗文中遴选出少许花卉诗文，希望读者能从中体会古人追求、描写的那种意境，能从中看出扬州花卉栽培、变革的历史。

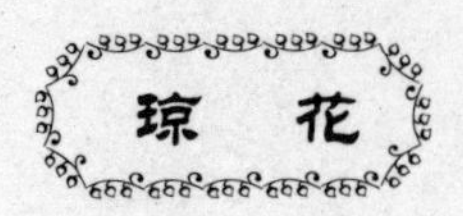

琼 花

(唐)李邕

仙馆见琼姝,风香戴蕊珠。
玉容偏雅淡,国色自清腴。
一白离埃壒,无瑕胜瑾瑜。
英灵钟此土,别郡信然无。

琼花扇面(国画) 李圣和

琼 花

(唐)杜悰

后土祠中玉蕊花,岁开两度可人夸。
风持小朵香初破,露洗贞姿白转加。
几许芳魂归阆苑,一般清致属仙家。
留连直与诗成趣,忘却停车日欲斜。

后土观琼花

（宋）胡宿

楚地五千里，扬州独一株。
香名从此贵，芳格洒然殊。
国艳何劳粉，天姿不掩瑜！
浓薰霏麝气，细蕊列蜂须。
云朵垂三素，仙衣著六铢。
吴中休插柰，天上枉栽榆。
神物疑长拥，灵根此未枯。
人间如定价，百琲睡龙珠。

答许发运见寄

（宋）欧阳修

琼花芍药世无伦，偶不题诗便怨人。
曾向无双亭下醉，自知不负广陵春。

琼　花

（宋）韩琦

维扬一株花，四海无同类。
年年后土祠，独此琼瑶贵。
中含散水芳，外团蝴蝶戏。
酴醾不见香，芍药惭多媚。
扶疏翠盖圆，散乱真珠缀。
不从众格繁，自守幽姿粹。
尝闻好事家，欲移京毂地。

既违孤洁情，终误栽培意。
洛阳红牡丹，适时名转异。
新荣托旧枝，万状呈妖丽。
天工借颜色，深浅随人智。
三春爱赏时，车马喧如市。
草木禀赋殊，得失岂轻议。
我来首见花，对花聊自醉。

琼　花

（宋）刘敞

自淮南迁东平，移后土庙琼花植于濯缨亭。此花天下独一株尔。永叔为扬州，作无双亭以赏之。彼人别号八仙花也。或云，李卫公所赋玉蕊花即此。聊以小诗，记其所从来。

海内无双玉蕊花，异时来自八仙家。
鲁人得此天中树，乞与春风赏物华。

琼　花

（宋）鲜于侁

百花天下多，琼花天下稀。
结根托灵祠，地著不可移。
八蓓冠群芳，一株攒万枝。
孤生淮海上，晚秀清和时。
携赏偶佳辰，暗香盈酒卮。
倾都走庙下，爱玩如调饥。
皎月正交光，薰风借离披。
惟应神仙人，收拾繁英归。

琼　花

(宋)俞清老

因此琼花发,维扬胜洛阳。
若无三月雨,占断一春香。

琼　花

(宋)贾似道

寂寂蕃釐观里花,伊谁封殖得名嘉?
应知天下无他本,惟有扬州是尔家。
种雪春温团影密,攒冰香重压枝斜。
倚阑莫问荣枯事,付与东风管物华。

题扬州琼花

(元)冯子振

锦帆隐隐到天涯,古道残阳泣暮鸦。
莫为龙舟更惆怅,广陵依旧看琼花。

琼　花

(明)黄琛

天工巧琢一般花,高贵无双海内夸。
朵朵生香清脱俗,枝枝类玉莹无瑕。
根深后土瑶台护,叶拥春云翠盖遮。
谁遣八仙来换去?料应开向玉皇家!

吊琼花

(清)谢启昆

春风管领蓬山客,麻姑睡起娇无力。
锦帔霞裳厌俗妆,银河露湿冰丸滴。
落尽杨花开李花,此花不属赵宋家。
无双亭畔芳魂泣,玉佩深宵咽华月。

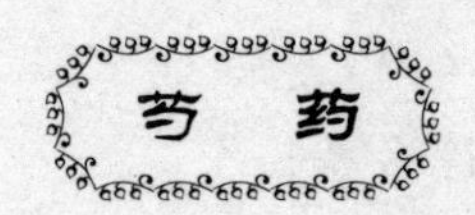

芍药

北第同赏芍药

(宋)韩琦

芍药名高致亦难,此观妖艳满雕栏。
酒酣谁欲张珠网,金细偏宜间宝冠。
露裛更深云髻重,蝶栖长苦玉楼寒。
郑诗已取相酬赠,不见诸经载牡丹。

望海潮 扬州芍药会作

(宋)晁补之

人间花老,天涯春去,扬州别是风光。红药万株,佳名千种,天然浩态狂香。尊贵御衣黄。未便教西洛,独占花王。困倚东风,汉宫谁敢斗新妆。

年年高会维阳,看家夸绝艳,人诧奇芳。结蕊当屏,联葩就幄,红遮绿绕华堂。花面映交相,更秉菅观洧,幽意难忘。罢酒风亭,梦魂惊恐在仙乡。

临江仙　赏芍药

（宋）曹勋

嫩绿阴阴台榭映，南风初送清微。扬州花市进芳菲。丝头开万朵。玉叶衬繁枝。

自是诗人佳赠意，花王香借余姿。翠红深展奉瑶卮。何妨沉醉赏，天与伴春晖。

侧犯　咏芍药

（宋）姜夔

恨春易去，甚春却向扬州住。微雨，正茧栗梢头弄诗句。红桥二十四，总是行云处。无语，渐半脱宫衣笑相顾。

金壶细叶，千朵围歌舞。谁念我、鬓成丝，来此共尊俎。后日西园，绿阴无数，寂寞刘郎，自修花谱。

风流子　芍药

（宋）吴文英

金谷已空尘，薰风转、国色返春魂。半欹雪醉霜，舞低鸾翅，绛笼蜜炬、绿映龙盆。窈窕绣窗人睡起，临砌脉无言。慵整坠鬟，怨时迟暮，可怜憔悴，啼雨黄昏。

轻桡移花市，秋娘渡、飞浪溅湿行裙。二十四桥南北，罗荐香分。念碎劈芳心，萦思千缕，赠将幽素，偷剪重云。终待凤池归去，催咏红翻。

江城子　赋芍药扬州红

（金元）元好问

司花著意压春魁，绿云堆，拥香来。冉冉红鸾，十步一徘徊。花到扬州佳丽种，金作屋，玉为阶。

门前腰鼓揭春雷，倚妆台，尽人催。莺语丁宁，空绕百十回。不道惜花人欲去，看直待，几时开？

风入松

僧舍芍药盛开，拉同人赴赏，题壁代偈

（清）李渔

广陵芍药爱喧阗，此独宜偏。万花会里嫌人杂，避来僧舍私妍。独向空中设色，时从笑里参禅。

老僧终日伴花眠，火里生莲。不信折将来供佛，看如来可作香怜？至美皆全佛性，幽芳怕结人缘。

平山堂僧房看芍药（二首）

（清）沈初

寂寞闲庭位置宜，不堪相谑静相依。
可怜袅袅婷婷里，艳影偏侵环色衣。

佳种园林见者稀，山僧特为数芳菲。
小红大白寻常有，珍重称名金带围。

容园芍药歌

(清)赵怀玉

容园池馆称芜城，容园草木皆有名。
容园主人雅好客，往往佳日罗杯觥。
我来芍药方烂漫，薄寒未减天初晴。
雨淋日炙花所忌，护花要得花之情。
筑台三尺阑四面，覆以苇箔搘松棚。
红都胜与玉盘白，如云五色迷双睛。
又疑隋宫弃脂粉，多年入地胚胎成。
须臾高下排绛蜡，花光欲与灯光争。
狂香洁态不收拾，月娥楚艳同轻盈。
鼠姑那敢辱近侍，莺粟亦早推先声。
夜游继昼看未足，此时斗石何妨倾。
酒酣枨触旧时事，百感不觉当筵生。
词赋才原惭咏药，经纶术更输调羹。
翻阶廿载直西省，挥手一旦辞春明。
玄都桃尽去后种，栗里秫废归来耕。
此间娄尾春最著，今夕赏心缘始并。
羡君彩笔梦中授，能占清福忘虚荣。
谈深烛跋风露重，起听街鼓催三更。

汪氏芍园

(清)钱林

红芍花残不见花，洞天深处有人家。
凉生竹榭闲披苎，香度溪云午焙茶。

芍药

(清)陈钟英

广陵风景想依稀，浩态狂香粉黛围。
几片红销笼舞袖，一条金带束宫衣。
酒阑不散云霞色，春去犹含雾雨霏。
封罢紫泥吟好句，令人偏忆谢元晖。

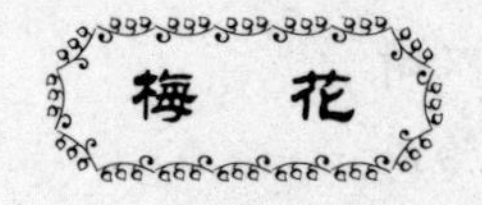

次韵马中玉《早梅》二首

(宋)黄庭坚

梅蕊争先公不嗔，知公家有似梅人。
何时各得自由去？相逐扬州作好春。

折得寒香不露机，小窗斜日两三枝。
罗帏翠幕深调护，已被游蜂望得知。

满庭芳　赏梅

(宋)秦观

庭院余寒，帘栊清晓，东风初破丹苞。相逢未识，错认是夭桃。休道寒香较晚，芳丛里、便觉孤高。凭阑久，巡檐索笑，冷蕊向青袍。

扬州，春兴动，主人情重，招集吟豪。信冰姿潇洒，趣在风骚。脉脉此情谁会？和羹事、且付香醪。归来后，湖头月淡，伫立看烟涛。

月中观梅

（宋）方岳

何物苍头不自量，踏梅踏月上山堂？
月明幸是无痕迹，可惜琼瑶一径香。

广陵同姚仙期、邓孝威 饮吴园次腊梅花下

（明）方文

百花之长山中梅，谓其能犯霜雪开。
梅花开时春已动，腊月梅蕊方含胎。
不如腊梅更孤绝，穷冬仍能傲霜雪。
根干虽无古松劲，芬馨颇似秋兰烈。
我友吴子芜城东，独赏此花树庭中。
门径不许俗人到，气味自有贤妻同。
虎丘姚师衣破衲，广陵邓生披短褐。
尔汝俱称物外交，要我同行意轩豁。
入门呼酒复呼茶，萧然环堵类山家。
他人富贵足悲叹，我曹贫贱还骄奢。
君不见，腊梅花！

平山堂僧院看梅，柬道弘上人

（清）孔尚任

春晴立蜀冈，苍翠群山变。
村郭飏午风，残梅似雪霰。
老僧同看足，缓步入深院。
两树药栏中，清香扑佛面。

红者已微梢，白者枝犹恋。
雨后绿苔阶，落叶无一片。
对此盛开花，枯禅情亦眷。
出入闭重关，不遣东风见。

平山堂观梅

（清）程鏊

水衣山黛春光乱，佛影禅光暖日烘。
香国忽开银世界，瑶宫深嵌玉玲珑。
湖头放鹤归愁误，驴背搜诗兴未穷。
回首白云迷出处，不知身在万花中。

筱园看梅（四首选一）

（清）江昱

钟声亭午下坡陀，别有寒香引客过。
却与山堂相映带，只争清瘦不争多。

咏平山堂梅花

（清）爱新觉罗·弘历

平山万树发新花，胜举清游两可夸。
试问欧公应可否，相形邓尉并横斜。
凭参疏影生香趣，未许歌莺语燕哗。
不种牡丹种梅朵，殢财人亦厌繁华。

十月先开岭上梅

（清）李周南

庾岭梅花盛昔年，南枝早放孟冬天。
即今邗水称名胜，亦有春光独占先。
孝子祠邻高阜畔，忠臣墓筑小山前。
冰姿恰称英魂赏，玉树真宜毅魄眠。
嫩蕊冲寒窥月冷，暗香乘暖斗霜妍。
敲诗笑待巡檐索，作赋心仍似石坚。
官阁迹留饶雅趣，讲帷句摘幸分笺。
梵宫正祝无疆寿，魁萼争芳映舞筵。

东园梅花

（清）王翼凤

东园旧是梅花岭，垒石为山媚清影。
遒根裂石枯半存，隙地移株补新整。
纵横枝格偏分明，向背岩隅都有情。
旁行绕磴鹘盘上，尺尺云属铺繁英。
看花人接花巅武，却把群花一齐俯。
芬芳吹著风峭寒，烂漫烘开日亭午。
青琐楼台深几重，交疏面面窥玲珑。
夵悬晃入锦屏叠，尘障惊来罗袖丛。
宛转虹梁渡春水，水波隔断香流通。
更排飞闼远延眺，斜阳一片花溟濛。

平山堂后小香雪寻梅(二首)

(清)徐鸣珂

斜阳云外欲坠,绿萼枝头未花。
径转竹桥几曲,疏篱忽有人家。
历尽红楼翠阁,独标冷艳孤芳。
明月一溪如画,春风余雪犹香。

梅花绝句

(清)陈钟英

吟诗暇日足销忧,江北江南感旧游。
月观风台零落后,不堪回首望扬州。

东园探梅,即至梅花岭拜史阁部墓二首

(清)钱文檭

出郭幽境开,春望首先矫。
翠羽若为招,遥遥唤林表。
失喜入香界,疏影一山绕。
红疑雪聚寒,白讶云生晓。
别艳岂邀怜,游人自不少。
梯苔殊纷纷,倚竹弥悄悄。
心赏独徘徊,催归怅夕鸟。
度岭闻松风,古香吹未了。

飒然起寒色,花影围孤坟。
衣冠亦云葬,凭吊悲斜曛。

嗟公厄阳九，死以酬先君。
曾无马革裹，白骨埋阵云。
奈何致疑谤，兵解独不闻。
化乎傥归来，乘此月二分。
且守万树梅，花鹤超人群。
拜罢复惆怅，花为扬灵芬。

立春日，雪中小金山探梅

（清）王士明

传来春信古精蓝，冒雪遍舟得得探。
玉树满堤迷远渡，朱垣隔水认荒庵。
花因欲放香微动，酒对严寒味自甘。
一自东风先着眼，不虚生长是江南。

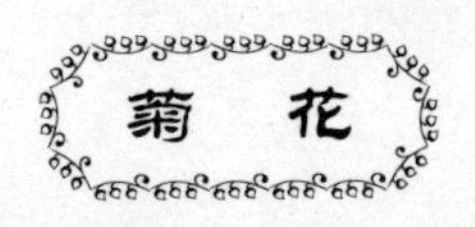

看董菊回

（清）刘应宾

扬州争尚菊，家家菊当门。
满城黄白气，伴月水仙魂。
旅况愁予减，清思喜尔繁。
酒来竟日醉，不觉又黄昏。

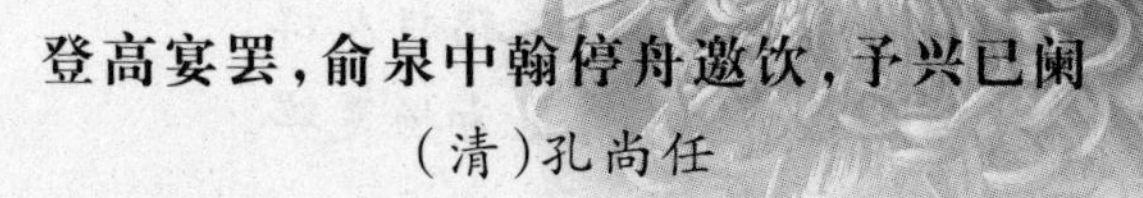

登高宴罢，俞泉中翰停舟邀饮，予兴已阑

（清）孔尚任

菊花五向客中开，掩泪登台复下台。
廿四桥边明月里，扁舟空载美人来。

己巳年，菊花开盛于前

（清）卢见曾

菊花娘子画童颜，仿佛文翁石壁间。
绛帐多才攀桂近，争来乞梦到平山。

花　卉

（清）李鱓

气味难教菊谱收，何年遗种海西头。
硬黄榻去人争识，此是霜天不老秋。

宾谷夫子招集题襟馆看菊

（清）蒲忭

题襟馆外敞秋光，数亩花田一色黄。
邗水烟云归渲染，晋人觞咏正疏狂。
行踪恰共宾鸿到，饮兴浑忘玉漏长。
醉后春风都入座，不知枝上夜来霜。

傍花村看菊，同旭斋、秋谷

（清）缪镔

东篱同过访，一径冷香微。
淡泊宜高士，清寒耐布衣。
竹扶逾见瘦，苔衬未能肥。
最好斜阳候，如何人尽归。

重阳前二日，由傍花村探菊，遂登云山阁，望小金山芙蓉

（清）黄承吉

秋容亦艳丽，骋游何所之？
寻芳人异路，辍棹我移时。
缅邈风日场，弥漫霜雪姿。
耐此一顾盼，寒香未葳蕤。
踯躅舍之去，遂届前川湄。
抑何故娉婷，浓妆青黛眉。
兹态宜远观，隔树光参差。
于水非有会，映带自可嬉。
寄傲尠所怀，伴醉良不辞。
有待与无待，即境相悦怡。
谁云岁将晏，舒发在心期。

李静斋先生周南招饮藕圃看菊

（清）梅植之

百卉齐春荣，寒姿结秋菊。
岂伊性殊异，嘉尔抱幽独。

自非静者观，赏心随众目。
夫子筑名园，桃李竞繁缛。
霜葩吐孤芬，秋情别相属。
丹白影参差，窗棂气芳馥。
一一逞秋容，金精缀琼玉。
开尊夜鸣琴，希声澹还穆。
裊裊幽思深，凉风下庭绿。

杨丙炎司马招饮徐园，便绿杨村访菊(二首)

(清)陈重庆

溪边风景谢公墩，画桨摇波直到门。
忽听鼓鼙思将帅，强邀杯斝挈儿孙。
补栽绿柳寻诗笔，吹滟黄花入酒尊。
六次南巡余片石，不堪回首倚虹园。

朱栏碧甃护修篁，月观风亭接上方。
有客招魂歌楚些，当年顾曲艳周郎。
三峰华岳蕉窗石，一抹陶篱菊径霜。
好借名园留胜迹，为君枨触倚斜阳。

忆　菊

(清末民初)吴恩棠

扬州城北好秋光，曲曲疏篱短短墙。
一路看花逢旧雨，几人沽酒作重阳。
湖村佳处牵新梦，霜月清时忆故乡。
晚节香迟应待我，岁寒犹可赏孤芳。

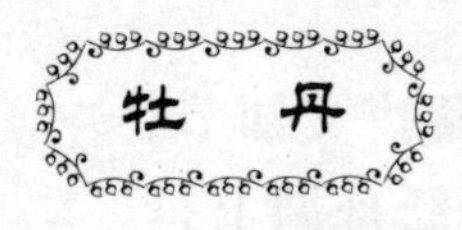

牡丹

（清）刘应宾

闻道扬州开较迟，春风谷雨报芳期。
流霞尚忆故园早，敛艳翻愁游子驰。
已约开时莫草草，凭教烂漫看漪漪。
艰难犹异琼仙会，不负他乡客鬓丝。

平山堂看牡丹

（清）黄慎

平山三月春将半，蚁织游人看鼠姑。
芳尘遥忆京华远，风景无如庆历殊。
画船载得豨莶酒，蜀道寻来连理榆。
醉眼红妆开顷刻，檀心玉兔妒须臾。
缅邈欧阳评第一，难教敏叔复全图。
花开那得年年似，身老无常事事如。
好怀几见佳时节，寂寞蹉跎岁月余。
君不见金高难买花前醉，醉杀狂夫得似无？

立夏前二日，江户部涟、汪太守端光、蒋广文知节、贵观察征召同吴祭酒锡麒、洪太守梧泛舟湖上，至桃花庵看牡丹，用东坡《泛颍》韵

（清）赵怀玉

维扬多故人，林下才皆奇。
我来争折柬，盍簪春水湄。
惜别亦云久，好游宁觉痴。
临流有兰若，独聚倾城姿。
时光正清和，昼景何舒迟。
异彩映丛薄，浓香散沦漪。
行立任所适，主客难辨谁。
把杯肯放手，分曹如列眉。
撷揽非一地，念释尤在兹。
亦复以文会，岂便荒于嬉。
不见笙歌沸，中多市井儿。
雅尚近风俗，广交兼黄缁。
逢场且行乐，胜我即可师。
回舟月东上，似欲催新诗。

康山赏并蒂牡丹

（清）黄承吉

此堂玉树称连理，今日绯花作并头。
岂为句芒分甲乙？相依富贵即公侯。
洛阳鸿鹄双双集，锦水鸳央一一游。
百宝妆栏走往事，合欢争及对名留！

偕臧生锡文、王生友竹、袁生湘波至桂陵园看牡丹，遇余生吉士花室

(清)梅曾亮

北郭幽居路不赊，市廛行过踏桑麻。
一无四壁只编树，十有九家同种花。
世外天光围绿野，坐中人影伴朱霞。
秋来访菊吾能记，翁仲南边草径斜。

圆通庵看牡丹

(清)王士明

茂林依水碧柳环，佛境春深昼闭关。
悟彻繁华空色相，能容富贵乐清闲。
院边日暖蜂声聚，花外钟鸣蝶梦还。
坐久僧房归去晚，松梢新月一弓弯。

宝轮寺看牡丹

(清)陈重庆

去年看花春已迟，今年却好花开时。
花神有约若相待，香台烂漫堆琉璃。
连朝风雨颇作恶，十万金铃护帷幕。
怒发如教羯鼓催，低翻宛向猩屏掠。
银红一捻自矜贵，不许带围夸芍药。
当日明皇恣游乐，沈香亭上笙歌作。
谪仙醉酒谱清平，妃子倚栏工笑谑。
花萼层楼锦绣香，霓裳妙舞珠玑错。

如何富贵艳天家，开满精蓝一坞花。
想是人天大欢喜，布金作地蒸云霞。
要将国色斗春晓，赐绯赐紫纷奇葩。
一枝折取簪乌帽，七步吟成愧碧纱。
卷起风帘招舞蝶，书将雪壁悔涂鸦。
寺僧示我旧题句，双钩摹勒扪隆洼。
石鼎联吟频索和，金山留带敢同夸。
看花花比去年好，对花人觉今年老。
寻芳重访古袛林，刻石空余旧诗草。
人生行乐须及早，莫到花残被花恼。
从今一岁一来游，寄语花农勤洒扫。

雨中重宁寺看牡丹（三首选一）

（清）陈重庆

舞袖低翻态欲狂，满身璎珞麝兰香。
维摩法喜都无着，恰借天花作道场。

宝轮寺看牡丹

（清）陈重庆

微雨新晴绿满原，衣香鞭影织春痕。
万竿碧筱疑无路，一角红墙知有门。
露蕊摇摇敧镜槛，风帆叶叶落金樽。
参天翠柏蛟龙舞，眼见神僧十世孙。

重宁寺九月白牡丹开，雨山和尚索诗

（清末民初）吴恩棠

浮去富贵等闲看，九月开来白牡丹。

七宝庄严清世界，霜天一鹤下高寒。

洛春堂牡丹赋

（清）陈章

名擅姚左，根分河雒。培客土以未疏，依灵区而有托。绿云旖旎以交枝，红艳鲜新而破萼。桃时杏日，耻妖态之争妍；火后雨前，散开香而自襮。脂融粉腻，妙手传于子华；林下水边，闲情寄于康乐。若夫晓风微扇，细雨如尘，乱堆锦被，低照华茵。拟薰香于荀令，俨被酒之太真。化工谢巧，一国都春。出水芙蕖，自低回而称婢；翻阶芍药，敢骄蹇而不臣。油幕遮阴，偶吹开而终护；金盘饷客，几欲翦而还珍。山屐偕来，喜勾留于诗老；田衣对坐，恐撩破于禅人。而乃阅高议于青琐，捡杂俎于酉阳。纵近观而远睇，较北胜而南强。深红拟乎莲蕊，嫩绿比乎瓜瓤。天上金刀，剪绮罗之稠叠；月中玉斧，构楼阁之低昂。桐君《药录》，未足悉其功效；醉翁《花谱》，畴能尽彼铺张。至若朱户洞开，钿车狂走。笙歌送酒以如泉，池馆量金而论斗。虽一年好景，莫教辜负于此身；而十户中人，又辄吟哦而在口。随情自适，不远求于青越延丹；熨眼皆佳，又何暇于骊黄北牡！然而年华暗换，韶景易阑。游蜂惜而作队，粉蝶恋而成团。顾物情之尚尔，岂人意之无干！于是作雕盘之食，拾煎酥于欲坠；添宝鼎之火，烧余片之将残。岫远巫娥，不信若仙而若梦；风回少女，重看如火而如丹。乃为之歌曰：琉璃地上锦窠开，月里仙人曳佩来。红幞数苞朝露折，异香一种午风回。兕觥莫负当心凸，蛮鼓何烦百面催。未要仙春寻旧馆，此堂应已胜蓬莱。

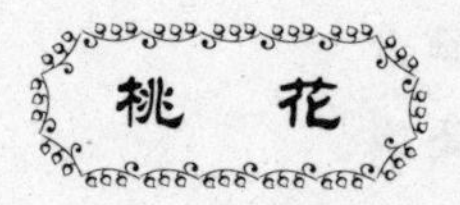

江路桃花

（清）恽格

瑶水应无路，绥山那可游。
千林醉丝管，花月古扬州。

铁佛寺看桃花，拈得九青

（清）汪士慎

草软寻春路，雷塘两屐停。
松涛喧古寺，花雨湿残经。
不信是空色，欣来倾酒瓶。
迟留归路晚，灯火乱烟汀。

扬州湖上泛舟看桃花二首

（清）法嘉荪

踏青时节试莺声，泼绿湖光打桨迎。
夹岸楼台新雨霁，泥人烟水乱霞明。
未因卯酒虚前约，不信中年减艳情。
一带菜花低衬处，溪汀如绣画船行。

夕阳烘透绿杨湾，笑问谁曾住碧山。
乍有灯痕来水上，更无诗思落人间。
锦衾烂展琼笺腻，珠斗芒生翠袖殷。
天末吟成投笔起，今宵疑是赤城还。

次日，谷人祭酒、剑潭太守复招同莲龛、石士、秋竹、元淑、子澜集安定书院，时庭中桃花盛开，即席得句

（清）刘嗣绾

烧春宴后尚陶陶，阶下初烘一树桃。
酒面最宜风色冷，花鬟浑与夕阳高。
离踪偶合偏成恋，醉眼能醒亦足豪。
今夜定知乡梦误，吴江水长又三篙。

桃花坞

（清）钱林

幂翠庭高教矮置，期仙磴仄取宽裁。
他年乞与卢鸿一，赌赋嵩山十志来。

新城看桃花

(清)范仕义

春风送暖腻芳华，吹入溪边万树花。
我棹扁舟访仙观，破空红落一川霞。

独游桃花庵题壁

(清)王翼凤

庵里桃谁种，开时遍地霞。
偶来皆俊侣，孤赏自繁华。
水净鸟吟树，天晴蜂聚花。
拂苔题片石，留与道人夸。

上巳饮徐园，述猷适自樊汉局来，遂共杯酌，自园至虹桥，已遍栽桃柳矣(二首)

(清)陈重庆

水漾鱼鳞染蔚蓝，消寒吟罢忽三三。
采兰几辈觞城北，种柳当年说汉南。
茧纸昭陵空逸少，虹桥春禊剩何堪。
最怜史墓梅花冷，寂寞朱栏俯碧潭。
曾见金人捧剑时，琼花无复照金卮。
只余邗水千条线，喜有樊川一卷诗。
亭覆龙章辉宝墨，梦回马射失春旗。
长堤迤逦桃如锦，寄语东风着意吹。

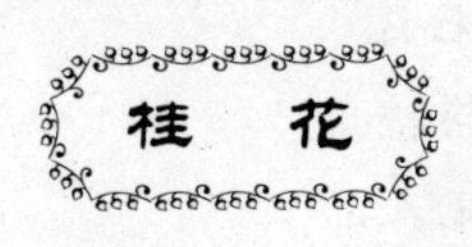

平山堂探桂歌

（清）赵怀玉

秋光明瑟林木腴，故人携觞招泛湖。
却嫌岩谷信偏杳，遗迹先往寻欧苏。
平山堂下好留憩，居然老桂森乔株。
早开已怜狼藉委，晚放乍觉芬芳敷。
花前坐久有殊契，吾无隐尔香闻乎。
夕阳渐下月初上，波光一色琉璃铺。
严城夜禁近来厉，扣弦而返歌乌乌。
东船西舫何处匿，青天皓魄如人孤。
我于今春屡过此，管弦灯火无时无。
未曾岁月久契阔，胡竟喧寂相悬殊。
黜奢崇俭固为好，矫枉过正毋乃拘。
今不如前后可想，闲而能乐余何须。
一杖金粟折在手，对花且共倾罍壶。

秋雨庵小集看桂

（清）徐鸣珂

九日登高竟无菊，但闻丛桂吐奇馥。
黄雪枝头万斛堆，秋光皎洁辉楼台。
昨日景春园览遍，今来秋雨庵欢宴。
翻疑佳节是中秋，香飘云外银蟾见。
琼楼玉宇夜复晓，我欲摩空问苍昊。
只恐姮娥也笑人，年年岁月忙中老。

何人埋骨桂林间？月下精灵独往还。
此僧作事真狡狯，涌金布地生旃檀。
便从花底开芳樽，不然愧此陈死人。
有酒学仙亦大好，谁证如来金粟因？
闻说湖干香喷薄，天清气爽通寥廓。
夜游秉烛风露寒，来朝更订平山约。

中秋日雨甚，至十九日始息，适园桂花盛开，因招同人，为展中秋之集，分得七古

（清）黄承吉

天公自作中秋戏，掣得银涛泻平地。
人间此月尽中秋，拚到霁晴重好事。
中秋虽好亦无花，今日香风满院赊。
客意飞扬主腾越，辉煌转向天公夸。
华灯崽嵬绿云上，九级浮屠高几丈。
剪罗为寺锦为僧，跌荡光明竞来往。
瓜榴栗芡陈中庭，望霄欲祝姮娥灵。
空中桂影寂不见，但觉庭树当空馨。
人生逐日堪乘兴，展转随天人亦定。
比似东隅失可收，宛然空谷呼皆应。
衫袖寒侵竹榭多，寂寞无奈九秋何！
今宵强借为欢笑，醉倒苍颜那不歌？

与王小汀、汪研山、邢子膺同过莲性寺看桂花（三首）并序

（清）范凌夔

余尝为研山题《扬州名迹画》十幅，诗已见前。其莲性寺一幅，有“桂子捣成尘，散作诸天雨”之句。又道光己酉秋八月，独游莲性寺看桂

花，有少年两三辈，携棋具对酌，谛视之，则井南老人之子小汀也。今扬州台榭残破，惟白塔寺尚存，而研山、小汀仍与余瀹茗看花，岂非幸与！后游者有子膺，亦与余同居南湖者也。

寻诗曾向画中行，十里珠帘百感生。
不是摩空孤塔迥，谁从灌莽认芜城。

米菽分甘邢子膺，少年诗苦乞传灯。
草堂烧后孤峰在，梦里南湖望不胜。

老鹤清声子和诗，井南宛转断肠词。
木犀风冷秋无恙，零乱空山一局棋。

史公祠看桂花

（清）王士明

桂花香发满秋林，阁部祠堂客易寻。
万颖润含残卒泪，一枝丹见老臣心。
衣冠久愿征场葬，草木犹怀奋气森。
欲拜孤忠倍惆怅，野云冷逼墓门深。

双桂轩晚眺

（清）吴俊卿

虫飞证半壁，蟾抱桂双株。
梦醒穿遥瞩，客情殊未孤。
隋堤柳边柳，邗水芜中芜。
欲向花阴下，还倾酒一壶。

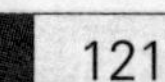

允卿折园桂相赠，赋此柬之

（清）陈重庆

个园老桂百年物，枝柯夭矫根蟠屈。
月里娑罗素影空，雨余勃发奇芬郁。
忽从邻壁饷秋光，蜡珠颗颗垂新黄。
觞荷忆醉红裳舞，访菊迟开绿野堂。
摩诘诗心探佛海，犀禅静领同参将。
一枝折赠有深意，拈花鼻观旃檀香。
不然招隐淮南赋，莫艳冬荣眠倚树。

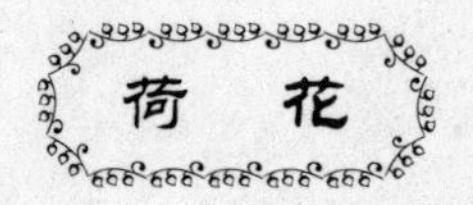

湖上观荷

（清）仲振奎

三十六陂外，虹桥花最芳。
相思托秋水，一望又斜阳。
云脚留余锦，风边闻妙香。
江南少红豆，此物断人肠。

桃花庵观荷，分韵得五微

（清）顾广圻

新荷昨夜绽红衣，霁雨朝来绿满矶。
共许刺船寻佛子，旋教解佩对江妃。
禅移色去诗尘淡，人在香中酒力微。
不是城头初月堕，等闲谈弄便忘归。

王望湖招集草堂观荷，和吴小芝韵

（清）林溥

曲沼红莲高下开，草堂招客赋诗来。
朱华旧擅临川笔，渌水新怜庾杲才。
更望跳珠逢白雨，雅宜煮酒泛青梅。
相看莫话红桥事，月观风亭劫后灰。

采莲曲

（清）王菘畦

采莲旧说江南好，荡舟人趁花时早。
紫萼趺擎翠盖围，绿房艳结黄螺抱。
吴娃生小即乘潮，碧玉年华宜自娇。
凝眸敛笑羞欲语，家在扬州廿四桥。
莲花红比妾颜色，一样倾城与倾国。
晓来清露溅郎衣，水曲山弯行不得。
欲折芳馨遗所思，江南江北各天涯。
秋风纨扇已愁绝，况是湖平月落时。
刺船斜入南湖里，两岸青山半湖水。
烟色不知鸿鹅飞，水花时逐鸳鸯起。
捐余珮兮汉水滨，寄余词兮秦使君。
烟寒露重不可见，江水江花思杀人。

平山堂观荷

（清）史念祖

空香扑鼻前根净，菱叶铺塘荷梗劲。
风入花深动浅波，红绡绿绮揩明镜。

平山堂下有荷池，可放舟，土人改为田，诗以惜之

（清）陈重庆

荷风吹梦射阳湖，镜面红云当锦铺。
小艇穿花摘花朵，摇波翠盖走盘珠。
红云翠盖纷无数，平山堂下游船路。
火伞浑忘六月天，冰瓯收取三更露。
雏娃双桨荡瓜皮，掠削云鬟总香雾。
声声低唱采莲歌，与花比似花应妒。
忽改荷田作稻田，但种香粳不种莲。
煮鹤焚琴杀风景，美人秋水空娟娟，
令我回首思白田。湖庄清夏花四壁，
一幅生绡赵大年。

影园自记（节选）

（明）郑元勋

外户东向临水，隔水南城，夹岸桃柳，延袤映带，春时舟行者，呼为“小桃源”。入门，山径数折，松杉密布，高下垂荫，间以梅、杏、梨、栗。山穷，左荼蘼架，架外丛苇，渔罟所聚；右小涧，隔涧疏竹百十竿，护以短篱，篱取古木槎牙为之。围墙甃以乱石，石取色斑似虎皮者，俗呼“虎皮墙”。

小门二，取古木根如虬蟠者为之。入古木门，高梧十余株，交柯夹径，负日俯仰，人行其中，衣面化绿。再入门，即榜“影园”二字，此书室耳！何云园？古称附庸之国为“影”，左右皆园，即附之得名，可矣。转入窄径，隔垣梅枝横出，不知何处。穿柳堤，其灌其栵，皆历年久茗之华，盘盘而上，垂垂而下。柳尽，过小石桥，亦乱石所甃，虎卧其前，顽石横亘也。折而入草堂，家冢宰元岳先生题曰：“玉勾草堂”，邑故有“玉勾洞天”，或即其处。堂在水一方，四面池，池尽荷，堂宏敞而流，得交远翠，楣楣皆异时制。背堂池，池外堤，堤高柳，柳外长河，河对岸 ，亦高柳，阎氏园、冯氏园、员氏园，皆在目。园虽颓而茂竹木，若为吾有。河之南通津，津吏闸之。北通古邗沟、隋堤、平山、迷楼、梅花岭、茱萸湾，皆无阻，所谓“柳万屯”，盖从此逮彼，连绵不绝也。鹂性近柳，柳多而鹂喜，歌声不绝，故听鹂者往焉。临流别为小阁，曰“半浮”，半浮水也，专以候鹂，或放小舟迓之，

影园自记碑文

舟大如莲瓣，字曰“泳庵”，容一榻、一几、一茶炉，凡邗沟、隋堤、平山、迷楼诸胜，无不可乘兴而往。堂下旧有蜀府海棠二，高二丈，广十围，不知植何年，称江北仅有，今仅存一株，有鲁灵光之感。绕池以黄石砌高下蹬，或如台，如生水中，大者容十余人，小者四五人，人呼为“小千人座”。趾水际者，尽芙蓉；土者，梅、玉兰、垂丝海棠、绯白桃；石隙种兰、蕙、虞美人、良姜、洛阳诸草花。渡池曲板桥，赤其栏，穿垂柳中，桥半蔽窥，半阁、小亭、水阁不得通，桥尽石刻“淡烟疏雨”四字，亦家冢宰题，酷肖坡公笔法。入门曲廊，左右二道，左入予读书处，室三楹，庭三楹，虽西向，梧、柳障之，夏不畏日而延风。室分二，一南向，觅其门不得，予避客其中。窗去地尺，燥而不湿，窗外方墀，置大石数块，树芭蕉三四本，莎罗树一株，来自西域，又秋海棠无数，布地皆鹅卵石。室内通外一窗作栀子花形，以密竹帘蔽之，人得见窗，不得门也。左一室东向，藏书室内，阁广与室称，能远望江南峰，收远近树色，流寇震邻，鹾使邓公乘城，谓阁高可瞰，惧为贼据，予闻之，一夜毁去，后遂裁为小阁一楹，人以为小更加韵。庭前选石之透、瘦、秀者，高下散布，不落常格，而有画理。室隅作两岩，岩上多植桂，缭枝连卷，溪谷崭岩，似小山招隐处。岩下牡丹，蜀府垂丝海棠、玉兰、黄白大红宝珠茶、磬口腊梅、千叶榴、青白紫薇、香橼，备四时之色，而以一大石作屏，石下古桧一，偃蹇盘躄，拍肩一桧，亦寿百年，然呼“小友矣”。石侧转入，启小扉，一亭临水，菰芦幂䍥，社友姜开先题以“菰芦中”，先是鸿宝倪师题“漪翠亭”，亦悬于此。秋老、芦花如雪，雁鹜家焉，昼去夜来，伴余读，无敢灌呶。盛暑卧亭内，凉风四至，月出柳梢，如濯冰壶中。薄暮望冈上落照，红沈沈入绿，绿加鲜好，行人映其中，与归鸦乱。小阁虽在室内，室

影园一字斋遗址

内不可登，登必迂道于外，别为一廊，在入门之右。廊凡二周，隙处或斑竹、或蕉、或榆以荫之。然予坐内室，时欲一登，懒于步，旋改其道于内。由“淡烟疏雨”门内廊右入一复道，如亭形，即桥上蔽窥处，亦曰“亭”，拟名“湄荣”，临水、如眉临目，曰“湄”；接屋为阁，曰“荣”。窗二面，时启闭。亭后径二，一入六方窦，室三楹，庭三楹，曰“一字斋”，先师徐硕庵先生所赠，课儿读书处。庭颇敞，护以紫栏，华而不艳。阶下古松一、海榴一，台作半剑环，上下种牡丹、芍药，隔垣见石壁，二松亭亭天半。对六方窦为一大窦，窦外又曲廊，丛筱依依朱槛，廊俱疏通，时而密致，故为不测，留一小窦，窦中见丹桂如在月轮中，此出园别径也。半阁在“湄荣”后，径之左，通疏廊，即阶而升，陈眉公先生曾赠“媚幽阁”三字，取李太白“浩然媚幽独”之句，即悬此。阁三面水，一面石壁，壁立作千仞势，顶植剔牙松二，即“一字斋”前所见，雪覆而欹其一，欹益有势。壁下石涧，涧引池水入，哇哇有声，涧旁皆大石，怒立如斗，石隙俱五色梅，绕阁三面，至水而穷，不穷也，一石孤立水中，梅亦就之，即初入园隔垣所见处。阁后窗对草堂，人在草堂中，彼此望望，可呼与语，第不知径从何达。大抵地方广不过数亩，而无易尽之患，山径不上下穿，而可坦步，然皆自然幽折，不见人工，一花、一竹、一石，皆适其宜，审度再三，不宜，虽美必弃。别有余地一片，去园十数武，花木预蓄于此，以备简绌。荷池数亩，草亭峙其抵，可坐而督灌者。花开时，升园内石蹬、石桥、或半阁，皆可见之。渔人四五家错处，不知何福消受。

傍花村寻梅记

（清）孔尚任

维扬城西北，陵陂高下，多瓦砒荒冢。唐人所咏十五桥者，已漠然莫考，行人随意指为此地云。地接城堙，富贵家园亭，一带比列。箫鼓游舫，过无虚日。溪流转处，一桥高挂如虹，谓之虹桥。自阮亭先生宴集后，改字曰红桥，而桥始传。旧有花村，在桥东，今已墟矣。

傍花村者，花村之附庸也，岿然独存焉。一酒旗出竹林，飘扬有致。主人爱梅，红白绿萼，参差种之。花时与竹篱茅屋相映，梅之精神倍出，富贵家不如也。

戊辰正二月，多雪雨，逗留梅信，至花朝方盛，箫鼓游舫皆集红桥，独留此数株老梅，为冷落薄游者吟诗买醉之所。余闻而羡之，遂醵酒钱，唤笙歌，作竟日欢。同一饮也，觉饮于旗亭，较饮于名园胜；同一诗也，觉入于歌者之口，较入于选楼胜。安知今日之红桥，不胜于十五桥；后日之傍花村，不胜于花村也哉！

梅庄记

（清）郑燮

广陵城东二里许，有梅庄，敬斋先生之业也。先生性嗜梅，其家所植亦夥矣，又构别墅于郊外，老梅数十亩矣，曰"梅庄"，盖其嗜也。梅之古者百余年，其次七八十年，其次二三十年，虬枝铁杆，蠖屈龙盘。先生与梅最亲切，扑者立之；卧者扶之；缺者补之；茸者剥之；根之拔者，筑土以培之；枝之远者，梁木以荷之。梅亦发奋自喜，峥嵘硕茂，以慰主人之意。又尝伐他树枝以相撑柱，其柯得气而活，交枝接叶，与梅相抱，若连理焉，岂非气至而神。或与客偕来，以广其趣。歌诗赠答，篇章重叠，酒盏纷纭。至于霜凄月冷，冰魂雪魄，与同寒也。逮夫朝日将出，红霞丽天，与梅相映影射，若含笑，若微醉。梅亦呼主人，与之割暄分暖，不独享也。主人与梅，是一是二，谁能辨之？更有风号雨溢，电激雷奔，主人披衣而起，挑灯达旦，周遭巡视，视梅之安而后即安。此岂有所勉张矫饰哉！其性之所嗜，有不知其然而然者也。其他苍松古柏、修竹万竿，为梅之挚交。檀梅放腊，为梅之先驰；辛夷涨天，绣球扑地，为梅之后劲。桃李丁香，江篱木芍，山榴桂菊，不可胜记，皆梅之附庸小国也。一亭一池，一楼一阁，一台一榭，一廊一柱，一栏一槛，一花一木，皆主人经营部署，出人意表之旨趣焉。

万松亭记

（清）汪应铨

蜀冈东最高处，万松亭在焉。吾家光禄君所作也。蜀冈无石，其土厚，宜树木，顾无好事者。君辇松栽十万余，缘冈之坳突直屈，栉比而环植之。数岁中，蟠亘苍苍翠，日晴风疏。远望如荠，鳞张鬣竦，即之挺立，步入林樾，弥天翳景。其东冈势中断，旁扈而下，削亭踞其巅，带长林，倚遥野，二十四桥之烟景，三十六湖之波澜，浮映檐槛，可揽可掬，洵奇胜也。或曰："松逾十万，而以万松名亭，何也？"曰："柳子厚《万石亭记》所谓石之数不可知，以其多则命之万石者也。"或曰："凡亭之胜，游观觞咏之乐，寒饿疾痛之夫不与也。万松之茈薪，绳床瓮牖，旁风上雨之居，民弗善也。光禄君自其子姓以暨涂人燠饫饥孤，露而荫庥之，呻而医药之，婴而遂长之，溺而筏之、岸之者，其人其事，不可殚数。天子褒异之，国人铭诗之，吾子阙焉。而斯亭是志何也？曰：此吾所以志斯亭也。苏子瞻为麻城令，作《万松亭》诗云："县令若同仓庾氏，亭松应长子孙枝。"君则万松之乡人也，又有德于其乡，子孙之祥，与松俱长矣。傅有嘉树，雅有角弓，无忘封殖，敢谂来者！君名应庚，亦自号万松主人云。

让圃记

（清）张四科

郡北郭天宁寺侧，隙地百余亩，竹木森蔚。距城不数武，而窅然深邃，若山林间，盖晋谢文靖公别墅也。以多银杏，故俗有"杏园"称。乾隆庚辛间，马嶰谷昆季构行庵于其中。傍有某氏废圃，因从容余以二百千买之，而陆南圻亦助成其事，取陆、张共宅意，颜之曰"让圃"。入门轩三楹，明简庵略禅师退院所居，旧名"松月"，今仍之。轩后一银杏树大蔽牛，下累白石为塔，即藏简公爪发所。一碑，为姚少师所作塔铭。由轩右入，有小楼。登之，树色浮空，云影在下，曰“云木相参楼”。楼之右，萝阴如幄，一迳出其下，曰“萝径”。径尽得小斋，曰“黄杨馆”。其左由步廊达楼后，土冈起伏，悉植梅花，曰“梅坪”。循冈而右，一古井曰“遗泉”，泉上有亭翼然。左右修竹数百竿，梧桐二三十株，曰“碧梧修竹之间”。落成之日，置酒高会，自都御史胡公而下，凡十六人；诗社之集，于斯为盛。自是二十年来，春秋佳日，选胜探幽，多在于此。四方文人学士，知有韩江雅集者，未尝不从游于行庵让圃间，赏其地之胜，而庆余辈之获结邻也。乃未几而同人凋丧殆半，前年夏，嶰谷亦归道山。近南圻复移家金陵，惟余与半查及二三知旧，销声匿迹于荒林老屋之中。友朋文酒之乐，非复曩日矣！夫此地隐于幽僻，赖谢公辉映前古，历千载而始得；余辈徒以一觞一咏，流连往复于一时，无修远之名为之增重，而又风流云散，今昔顿殊，吁，其亦可悲也已！不有所述，后之人其将何以考诸？爰属畴城周牧山作图，而余这之记。乾隆二十一年岁次丙子闰九月朔日，临潼张四科识。

绿野泛舟（节选）

（清）麟庆

双桂庵在长春桥西，廿四桥东。余偕阮云台先生返自尺五楼，仍鼓棹而东，遥望流水一湾，桃花夹岸，芳草鲜美，落英缤纷，宛然桃花源风致。花南有亭，壁嵌石刻“趣园”二字。先生曰：“此四桥烟雨也。”西北草木卉歙，篱落参差。先生曰：“此邗上农桑也。”沿溪随花，直到寺门，则桃花庵矣。

入庵坐见悟堂。回忆丙申六月到此，以荷花胜，今则三月，以桃花胜。因而论及琼花，先生曰：“花在城里蕃釐观，今已无考。旧志再移于宋，一捣于金，后枯于元。或代以聚八仙，或指为玉蕊及绣球，终无定论。”按，宋韩魏公诗云“维扬一株花，天下无同类。年年后土祠，独此琼花贵。中含霰冰芳，外围蝴蝶戏。荼蘼不见香，芍药惭多媚。抚疏翠盖圆，散乱珍珠缀”云云。似应另一种，惜无人图而传之。

近日双桂庵有玉兰，开时亭亭，盍往观乎。爱鼓棹而南，至长春桥，舍舟遵陆，约二里许，见长墙迤逦，下砌石作虎皮纹。入门，万竹参天，绿云满地。沿篱西北行，舆入山门，见双树大可合抱，老干槎丫，干霄矗汉。循廊右转，琼蕊飞香，僧胜量瀹茗花前供客，并以其师庆公汇存投赠诗画卷相质。因跋卷后曰：“道光庚子三月上巳，寒食之辰，仪征相国招同绿野泛舟，红桥修禊，小憩山中。胜量上人出此索题，花下展玩，诗画皆出名手。庆公梵行不问可知矣，因书数语以志缘。”题毕，仍泛舟返。

看花（节选）

朱自清

生长在大江北岸一个城市里，那儿的园林本是著名的，但近来却很少；似乎自幼就不曾听见过“我们今天看花去”一类话，可见花事是不盛的。有些爱花的人，大都只是将花栽在盆里，一盆盆搁在架上；架子横放在院子里，院子照例是小小的，只够放下一个架子；架上至多搁二十多盆花罢了。有时院子里依墙筑起一座“花台”，台上种一株开花的树；也有在院子里地上种的。但这只是普通的点缀，不算是爱花。

家里人似乎都不甚爱花；父亲只在领我们上街时，偶然和我们到“花房”里去过一两回。但我们住过一所房子，有一座小花园，是房东家的。那里有树，有花架（大约是紫藤花架之类），但我当时还小，不知道那些花木的名字；只记得爬在墙上的是蔷薇而已。园中还有一座太湖石堆成的洞门；现在想来，似乎也还好的。在那时由一个顽皮的少年仆人领了我去，却只知道跑来跑去捉蝴蝶；有时掐下几朵花，也只是随意摆弄着，随意丢弃了。至于领略花的趣味，那是以后的事；夏天的早晨，我们那地方有乡下的姑娘在各处街巷，沿门叫着.卖栀子花来。栀子花不是什么高品，但我喜欢那白而晕黄的颜色和那肥肥的个儿，正和那些卖花的姑娘有着相似的韵味。栀子花的香，浓而不烈，清而不淡，也是我乐意的。我这样便爱起花来了。也许有人会问："你爱的不是花罢?"这个我自己其实也已不大弄得清楚，只好存而不论了。

在高小的一个春天，有人提议到城外F寺里吃桃子去，而且预备白吃；不让吃就闹一场，甚至打一架也不在乎。那时虽还在五四运动以前，但我们那里的中学生却常有打进戏园看白戏的事。中学生能白看戏，小学生为什么不能白吃桃子呢？我们都这样想，便由那提议人鸠合了十几个同学，浩浩荡荡地向城外而去。到了F寺，气势不凡地呵叱着道人们（我们称寺里的工人为道人），立刻领我们向桃园里去。道人们踌躇着说："现在桃树刚才开花呢。"但是谁信道人们的话？我们终于到了桃园里。大家都丧了气，原来花是真开着呢！这时提议人P君便去折花。道人们是一直步步跟着的，立刻上前劝阻，而且用起手来。但P君是我们中最不好惹的；"说时迟，那时快"，一眨眼，花在他的手里，道人已跪跄在一旁了。那一园子的桃花，想来总该有些可看；我们却谁也没有想着去看。只嚷着，"没有桃子，得沏茶喝！"道人们满肚子委曲地引我们到"方丈"里，大家各喝了一大杯茶。这才平了气，谈谈笑笑地进城去。大概我那时还只懂得爱一朵朵的栀子花，对于开在树上的桃花，是并不了然的；所以眼前的机会，便从眼前错过了。

以后渐渐念了些看花的诗，觉得看花颇有些意思。但到北平读了几年书，却只到过祟效寺一次；而去得又嫌早些，那有名的一株绿牡丹还未开呢。北平看花的事很盛，看花的地方也很多；但那时热闹的似乎也只有一班诗人名士，其余还是不相干的。那正是新文学运动的起头，我们这些少年，对于旧诗和那一班诗人名土，实在有些不敬；而看花的地方又都远不可言，我是一个懒人，便干脆地断了那条心了。后来到杭州做事，遇见了Y君，他是新诗人兼旧诗人，看花的兴致很好。我和他常到孤山去看梅花。孤山的梅花是古今有名的，但太少；又没有临水的，人也太多。有一回坐在放鹤亭上喝茶，来了一个方面有须，穿着花缎马褂的人，用湖南口音和人打招呼道："梅花盛开嗒！""盛"字说得特别重，使我吃了一惊；但我吃惊的也只是说在他嘴里"盛"这个声音罢了，花的盛不盛，在我倒并没有什么的。

烟花三月下扬州(节选)

叶灵凤

近年国内有消息,说自古闻名的扬州琼花,绝迹已久,现在又被人发现了一株,发现的地点也在平山堂,可见在瘦西湖的名胜之中,这实是一个重点。在平山堂的后面,有一片洼地,像是山谷,又像是沼泽,四周有大树环绕,景致特别幽静。山鸟啼一声,也会在四周引出回响。我看得着了迷,摆下了画架要想画。可是这是诗的境界,哪里画得出?我便坐在三脚帆布小凳上出神,直到脚底下给水浸湿了才起身,始终无法落笔,然而那一派幽静的景色至今仍不曾忘记。

隋炀帝开凿运河到扬州来看琼花的故事,流传已久。可是据明人的考据,琼花到宋代才著名,因此,隋炀帝是否曾到扬州看过琼花,大有疑问。宋人笔记《齐东野语》说:

> 扬州后土祠琼花,天下无二本,绝类聚八仙,色微黄而有奇香,仁宗庆历中,尝分植禁苑,明年辄枯,遂复载还祠中,敷荣如故。淳熙中寿王亦尝移植南内,逾年,憔悴无花,仍送还之。其后宦者陈源,命园丁取孙枝移接聚八仙根上,遂活。然其香色则大减矣。今后土之花已薪,而人间所有者,特当时接木,仿佛似之耳。

据此,后土祠的真本琼花,在宋朝就已经绝了迹,后人所见,全是由聚八仙接种而成,所以,一般人都将琼花与聚八仙合而为一。郑兴裔有《琼花辨》,言之甚详。不过,缺乏实物作证,即使是聚八仙,也已经很少见。

近人邓之诚的《骨董琐记》,引《续夷坚志》,说陕西长安附近的户县,也有一株真琼花。原文云:

> 户县西南十里曰炭谷,入谷五里,有琼花树。树大四人合

抱，逢闰开花。初伏开，末伏乃尽，花白如玉，攒开如聚八仙状。中有玉蝴蝶一，高出花上。花落不着地，乘空而起。乱后为兵所砍去。

那么，即使真有，现在已同样不存在了。

琼花既是木本植物，最近在平山堂发现的那一株，在我流连在那里的时候，应该早已存在，可惜当时年少，不曾留意到这样的问题，不说别的，我当时在扬州玩了十多天，只知道流连在瘦西湖上，连梅花岭史公祠也不曾去拜谒过一次。虽然那时我已经读过《扬州十日记》，却交臂失之。现在想来，真有点令我惭愧而且懊悔了。

扬州纪游（节选）

谢国桢

我们在平山堂凭眺移时，江南金焦诸山，如浮水面，历历在望，山岗上绿树环合，这无怪名做平山堂了。可惜顶好的房子满堆了稻草，已经糟蹋得不成样子。我们信步下山，乘船到小金山游览，虽然比平山较为好一点，但是也呈荒凉的样子。我们在湖上草堂小坐，水光浮照，桂子飘香。我想，在当时不知有多少浓妆艳抹的小姐们在那里游玩，现在只剩下几个野老俗僧与海鸥为盟了。这里有不少扬州旧守伊秉绶的遗墨，湖上草堂的匾额，雄伟秀丽，疏密得宜。堂上悬着墨卿隶书"白云初晴，旧雨适至"；"幽赏末已，高谈转清"的对联，古拙雄浑，这可以想见邗江雅集，诗酒流连的景象。我们从小金山出来，仍到原处下船，沿着城墙往前走.天宁寺已驻了兵，不能进去。走不多远，就是史阁部祠堂，和梅花岭的衣冠墓，我们不能不进庙瞻拜。祠堂里只剩了牌位，墓门的影堂里，悬着"数点梅花亡国泪，二分明月故臣心"的对联。我急欲瞻望最有名的梅花岭，才发现阁部墓旁有一棵小树上贴了一个纸条，上面写着"仅留残梅一株岂堪再折"。我正在那里徘徊，恰遇见一位老者，便请问他为什么梅花岭上没有梅花，他老人家很和蔼的回答道："这里本来有很多的梅花和其他的花木，江北的天气，不像江南梅花那样开得早，可是一到初春天气，梅花盛开的时候，士女如云，都来看花，既而经过这次的事变，扬州陷落，被日本鬼子斫了不少；不久，这里又驻了兵，虽然有白部长保护民族英雄煌煌的告示，但是剩余的几棵梅花树，全都斫去当柴烧了。"闻之不禁愀然。吾想不但梅花岭上的梅花岂堪再折！就是吾国的人民，屡经事变，疮痍未复，也正应如爱护梅花的心理，不堪再折了！我们从梅花岭出来，沿着城墙闲步，路旁有不少养金鱼和卖花的地方，进得城来，还见有胭脂花粉店。这表明虽然是古老的扬州，在昔盐商鼎盛的时代，正有不少有闲阶级，在那里附庸风雅，粉饰太平，虽然是没落的家庭，还是留了不少的遗迹，正和北平一样，老是保存着温雅的态度。但是扬州因为交通不便，在江乡地方保留旧式的样子，比任何城市都要丰富。我从梅花岭回来，天色已经不早，吃过晚饭，便去休息了。

《扬州续梦》（节选）

长堤春柳

（民国）洪为法

杨柳和扬州像颇有关系，这大约是因过去的隋堤之故。《扬州府志》上说："隋开邗沟入江，旁筑御河，树以杨柳，今谓之隋堤。"《炀帝开河记》上说："诏民间有柳一株，赏一缣，百姓竞献之。又令亲种，帝自种一株，群臣次第种，方及百姓。时有谣言曰：天子先栽，然后百姓栽。栽毕，帝御笔写赐垂杨柳姓杨，曰杨柳也。"便因这隋堤多柳，而炀帝又死在扬州，于是谈到扬州，也就谈到隋堤和杨柳。到了王渔洋的冶春词所谓"北郭清溪一带流，红桥风景眼中秋，绿杨城郭是扬州"盛传后，"绿杨城郭"竟变成扬州的异名，而杨柳也像是扬州特有的点缀了。

在昔扬州的杨柳，无疑是很多的，而北郊瘦西湖的长堤上则为尤多。因此，扬州八景中便有所谓"长堤春柳"。这长堤春柳，据《画舫录》上说："在虹桥西岸，为吴氏别墅，大门与冶春诗社相对。"又说："扬州宜杨，在堤上者更大。冬月插之，至春即活，三四年即长二三丈。髡其枝，中空，雨余多产菌如碗。合抱成围，痴肥臃肿，不加修饰，或五步一株，十步双树，三三两两，跂立园中。构厅事，额曰：'浓阴草堂'。联云：秋水才添四五尺（杜甫），绿阴相间两三家（司空图）。此外《画舫录》中写"西园曲水"时，更说及西园中的"觞咏楼西南多柳，构郭穿树，长条短线，垂檐复脊，春燕秋鸦，夕阳疏雨，无所不宜。中有拂柳亭，联云：曲径通幽处(高适),垂杨拂细波(温庭筠)。北郊杨柳,至此曲尽其态矣"。可见扬州北郊的杨柳是很著称,而长堤春柳则又是北郊的杨柳之代表作。

关于长堤春柳,《画舫录》中更说到过去为黄氏为蒲所筑,并另有汪氏元麟,以画长堤春柳图得名。此图不知今日是否尚在人间,而黄氏当时修筑长堤春柳的情形如何,也不可复知。以现况说,长堤总算还存在着,长堤上一座已经很残破的亭子里,还悬挂着陈氏重庆所写的"长堤春柳"横额,可是春柳却仅剩三五零星了。在亭子里更有陈氏所撰《修复长堤春柳记》的石刻,其中说到:"故湖上八景有长堤春柳,其地起虹桥为堤,西属之司徒庙,元崔伯亨花园直堤之半,王、卢冶春修禊,先后咸在于此,是为洪氏倚虹园,今徐园则其地也。丙辰之岁,杨君炳炎兴治徐园,既蒇其事,复出私财,自园至虹桥因故堤增高益广,夹植桃柳,荫蔚成蹊,凡用银元若干枚,修堤一里,植树五百余株,而后旧迹所存,图经所载,可考而见。"于此可知,最近一次修复长堤春柳景色的时期,是在民国五年,主其事者是杨氏炳炎。杨氏名耀。关于此事,在《江都县新志》上亦有记载:"徐宝山殁后,邦人士于湖上建园,祀宝山其中。初,董其役者吴策,策卒,耀继之。值盛暑往来烈日中,时耀年近七十,不惮劳苦。逾年园成,复于红桥西沿堤植柳数百株,以达于园,中建一亭,为游人休息之所。今所植之树,皆扶疏垂荫,春夏间自红桥以东遥望之,俨若图画,而惜乎耀之不及见也。"新志上只说"植柳",而《修复长堤春柳记》上却说"夹植桃柳",以笔者昔时所见,确是一株杨柳一株桃。只不过短短三十年,而由杨氏修复的长堤春柳,又已摧毁,春柳还有三五零星,桃树便连一株也不可复见,剩了孤露着的一条所谓一里长的"长堤",游人经过其上,既感崎岖碍步，又苦尘沙扑面，那能再能如新志所说“春夏间自红桥以东遥望之，俨若图画”呢？

不过抚今思昔，笔者于十数年前却还能于春秋佳日在这长堤春柳间，时时作图画中人。三五知交，踏过红桥，缓缓的由长堤向徐园走去。两旁杨柳依依，千条万缕，戏弄着游人的衣袖，一时游人的衣袖上也像点染上不少的绿意。兼以春日夭桃呈艳，夏秋鸣蝉竞唱，更使人感到尘氛悉蠲，俗虑尽涤，步调在不自知间益复缓慢了许多，藉以细细咀嚼其中的诗情画意。有时又会亲持钓竿，闲坐在绿荫下垂钓着，此时得鱼与否，似乎并非十分关心之事，却尽是鉴赏着水中柳影的婆娑，以及落花的荡漾。除了步行，又常扁舟往来于长堤。总是要船夫贴岸行驶，好随手攀折着柳条，并非以此赠别，却想带了回去，藉志湖上的游迹。可是此等情景，在笔者都已成为旧梦，长堤早经非复旧观，游船似乎也不胜沧桑之感，再不沿着长堤这一边行驶了。不知何时更有好事如杨氏炳炎，再来修复一次长堤春柳。笔者惟有怀着无限企盼的心情而已！

名花轶闻

在中国古代“天人合一”的思想中，自然界中的万事万物无不和人类社会生活密切相关，自然界中的变化无不预示着人类社会生活的方向，这种变化上至天文，下至地理，当然也包括植物。正是由于这种思想，使中国古代就对各种事物变化有着异乎寻常的关注，详细地加以记录，并将这种变化与生活中的某件事结合起来。虽然今天我们将这些自然事件看作社会的、历史的轶闻，事实上这也是传统文化的一部分，应该理解古代人民将这些事极其认真、近乎虔诚、高度负责地记录并一代又一代传播下来，绝不仅仅是为了我们今天当作茶余饭后的笑谈。

扬州作为有着近二千五百年历史的古城，这种记录也是很多，我们在许多古籍中翻检出一些人与花卉异象的事例。一是作为研究扬州花文化的资料，二是让人们理解古人细致描写、详细记录这些材料所具有的文化意义和历史背景。

南柯一梦

扬州驼岭巷的一棵古槐树原来是生长在槐古道院里，这棵树相传是成语“南柯一梦”中的古槐。南柯一梦，用来形容梦境或一个人不可能实现的空想，有时也喻指人生如梦、富贵权势虚无飘渺。苏东坡有“南柯已一世，我眼未转头”，马致远《女冠子》有“得又何欢，失又何愁，恰似南柯一梦”。

驼岭巷唐槐

南柯一梦的故事最早见于唐人李公佐的传奇《南柯太守传》。这本传奇中说，淳于棼住在广陵郡东十里，宅南有大槐。贞元年间，淳于棼因醉酒卧于东庑下，忽梦二紫衣使者相邀，便登车进入树之穴。穴中山川一如人世，有城，城门上写着“大槐安国”几个金字。觐见大王时受到优厚礼遇，娶公主为妻，当上了驸马。继而出任南柯太守，凡二十年，生育五男二女，备享天伦之乐。后来带兵与檀萝国作战，不料败北，公主又死，便渐有谗言流传。大王心生疑虑，仍遣紫衣使者将淳于棼送归。淳于棼酒醒，见夕阳仍有余晖，残杯尚未收拾。后来命仆人发掘槐下洞穴，竟仿佛梦中经历。又见穴中有无数紫蚁在奔波忙碌，方悟这就是自己享受富贵荣华数十载的“大槐安国”；槐树有南枝，群蚁聚居其上，这就是自己做过太守的“南柯郡”；东邻有大檀树一株，藤萝攀挂枝间，这也就是自己作战失利的“檀萝国”。淳于棼追想前事，感叹于怀，乃命仆人将槐下蚁穴掩盖如旧。是夕，风雨暴发，蚁尽迁去。

《南柯太守传》的故事自然是虚构的，但所反映的古代扬州的繁盛景况，却真实可信。据路工先生在《南柯》与《南柯太守传》中考证，六朝志怪小说《灵怪集》中已有一篇《南柯》，是唐朝李公佐《南柯太守传》的底本。“大槐安国”的历史可真是够悠久的。

“大槐安国”的故事发生在扬州，不是偶然的。据说李公佐从苏州前往洛阳，途中船泊扬州，遇见淳于棼之子淳于楚，听淳于楚亲口讲述了其父的奇遇。淳于棼，据《太平广记》载其“曾以武艺补淮南军裨将，因使酒忤帅，斥逐落魄，纵诞饮酒为事”。后来李公佐又做过扬州大都督府的录事，他有可能更详尽地了解“南柯太守”的传闻，这才写出了著名的《南柯太守传》。

淳于棼的墓也在扬州。鲁迅先生辑录《唐宋传奇集》时，在《稗边小缀》里说：“棼事亦颇流传，宋时，扬州已有南柯太守墓，见《舆地纪胜》(三十七淮南东路)引《广陵行录》。”明汤显祖据棼事以作《南柯梦记》，阐述了“人间君臣眷属与蝼蚁何殊，一切苦乐兴亡与南柯无二”等道理，遂广传至今。清孔尚任的《淳于宅》诗注云“在天宁寺西，淳于棼梦南柯处”。清康熙年间山阴人何嘉延写过一首词，叫《凤凰台上忆吹箫·题淳于棼

汤显祖《南柯梦记》插图

墓》，他似乎亲访过淳于棼墓，但词中没有写到墓冢的情况，而只是说："江都恨，销沉好梦，莫怨檀萝。"现在淳于棼墓已经毫无踪迹可寻了。当然这棵树是否就是那棵槐树，如臧穀在《淳于棼宅》诗中所述，"南柯一梦等烟销，情事荒唐树已凋。为问故居今何在，谱成词曲益无聊！"我们永远无法考证出故事的真假，"安知此树下，不有槐安国？安知此天地，不在槐根侧？"(纪晓岚诗)因为南柯一梦的本意并不是那棵大槐树，而是一种劝诫，但对于我们扬州来说应该是一个意外的收获。

琼花传说

明代齐东野人所著《隋炀帝艳史》第三十二回、清代褚人获根据罗贯中《隋唐志传》改定的《隋唐演义》第四十七回记载：有一位道号蕃釐的百花仙子，在扬州向世人盛赞天下花木之美，劝说世人栽花植卉造功德，可是世人不相信，于是蕃釐随即取出一枚白玉，掘土掩埋，须臾之间，白玉竟破土发芽，洁白如玉，微风过处，余

木偶剧琼花仙子

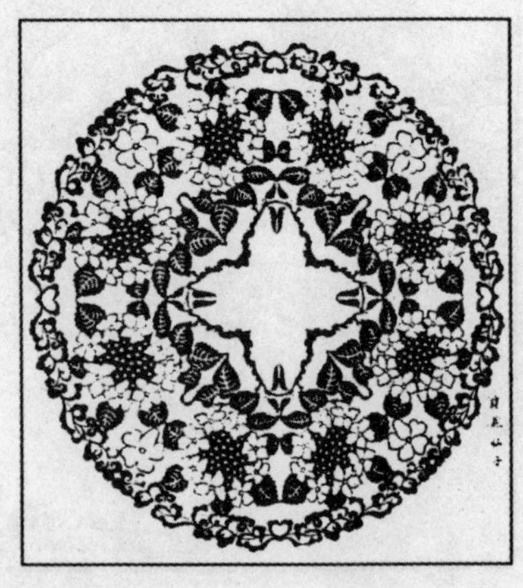

剪纸琼花仙子

香不绝，因此树开的花与琼瑶相似，又是种玉而生便取名谓之琼花。后人为纪念他，便在树前建寺，谓之蕃釐观。

据《扬州民间传说》中的隋炀帝看琼花说：传从前扬州有个叫观郎的青年，曾救过一只腿受了伤的白鹤。到他将要结婚时，有一只仙鹤从西方飞来，化作白发老翁，对观郎说，他是西天瑶池的鹤仙，为感谢观郎救子之恩，特地送来一粒仙花种子。观郎收下后，种到一个土墩上，第二天便长出了一棵树，开了一树七色鲜花，香气四溢，便给它取名叫“琼花”。消息传到隋炀帝耳里，便下扬州看琼花。当他来到琼花旁，琼花却凋谢了，气得炀帝拔剑欲砍琼花树。突然，琼花树枝间放出万道金光，从中飞出一只白鹤，衔起琼花树便向西方飞去了。

琼花太守

相传隋炀帝之妹被炀帝奸污后，含羞投河而死。尸体淌到扬州，魂魄在羊里观(即琼花观)内变成一株异常美丽的琼花，并托梦给炀帝，说她已变成琼花，隐现了花的模样，但未说明花开何方。琼花开的这天，王世充正好在羊里观，看到此花有 36 个大叶、72 个小叶，不只好看，而且喷香。后来，王世充来到京城，正遇炀帝挂出“谁发现琼花，就封他为琼花太守”的皇榜，王世充所说的与杨广所梦见的完全一样，于是就封王世充为琼花太守。

隋炀帝看琼花的传说当然荒唐，明代嘉靖十四年(1535)曹璿编《琼花集》时便在序中说：“且炀帝东巡诸所，诡异之迹备载《南部烟花记》等书，当时果有兹花，其事尤为殊绝，(颜)师古辈顾肯略之而弗录耶？”

马远 倚云仙杏图

杏 花

据《扬州府志》载，相传唐代开元中叶，扬州太平园中，有杏树数十株，每逢盛开时，太守大张筵席，召歌妓数十人，站在每一株杏树旁。立一馆，名曰争春；宴罢夜阑，有人听得杏花有叹息之声。《扬州风土记略》卷之上载：争春馆在扬城内，园植杏花。清代诗人江昱作《争春馆杏花叹》，其中“君不见，花能含笑花解语，美人墓草闻歌舞”，讲述人与花相通、花与人相同的道理；臧穀《争春馆》一诗则全是想像当时的情景：

官阁宣传女伎多，当筵太守醉颜酡。
纵夸红杏仙人艳，也算青楼秉烛过。
园里一宵供宴赏，民间十里闹笙歌。
花神叹息非无素，唤醒谁为春梦婆。

金带围

据宋刘攽《芍药谱》载：芍药花有红叶黄腰者，是一种名贵的花卉，花瓣多，粉红色，中有一条黄线围腰，叶大，花迟，号金带围，开花则城中出宰相。韩魏公（韩琦）为扬州太守时，得金带围四株，韩邀三位客人来赏，时王珪为郡倅，王安石为幕官，皆被邀，还缺一人。此时花开已盛，韩魏公便说：今日有客经过，即邀他共赏。至傍晚，门下人报太傅到。韩魏公便留住了他，次日开宴，折金带围欣赏。果然，后来这四人都成了宰相。陈师道的《后山丛说》亦记载了此事，稍后沈括在《梦溪笔谈·补笔传》中也谈到：韩魏公以资政殿学士帅淮南，一日，后园中有芍药一干分四枝，此各一花，上下红，中间黄蕊间之，当时扬州芍药，未有此一品，今谓之"金缠腰"者是也，接着也叙述了脍炙人口的四相簪花的故事。此则故事成为后人经常吟咏的话题，清人刘嗣绾专门作了一首《金带围》：

姚黄魏紫开唐花，宰相与花同一家。
宋时金带四花并，宰相与花同一命。
广陵二十四品图，似此一品花中无。
花中宴客客争折，他日黄花谁晚节。

清人黄承吉也有《咏金带围》一诗，其中有"偶然事出文人笔，终古名成宰相花"，说的都是这则故事。

《扬州画舫录》卷十五说，卢见曾在扬州做两淮盐运使时，三贤祠里的芍药一茎开出三花，当时以为瑞兆，便筑亭纪念，题匾"瑞芍"二字。到乾隆乙卯年（1795），园中又开了金带围一枝、大红三蒂一枝、玉楼子并蒂一枝，一时传为盛事。

《归田琐记》卷一说，扬州黄右原家的芍药最盛，阮元、梁章钜等曾结伴往园中观赏。黄右原作向导，穿行于芍药圃中，

清黄慎绘韩魏公簪金带围图

宛如进入众香国。在千万朵花中，金带围只有一枝初绽，观者均以为有眼福，梁章钜对黄右原说：阮元先生和我都已退居林下，此花的祥兆完全属于您。

刘应宾《扬州咏·金带围》，说："人间宰相自仙品，不信年来无片黄！"他是将带来好运的金带围列为仙品的。自古以来，宰相与神仙属于一家，花因人贵，金带围也就成了仙品。

郭士璟有一首《广陵旧迹诗·金带围》，说："石栏锦艳带围腰，座上飞觞应立朝。"他认为红瓣黄腰的金带围，天生象征着位极人臣的宰相气魄，所以金带围一开，就应该有人应运而成为宰相。

不过在一般的文学作品中，甚至地方文化心理上，金带围仍然象征着珍稀和名贵。

另外，据刘攽《芍药谱》载：昔有猎人在中条山见白犬入地中，掘之得一草根，携归植之，明年花开，乃芍药也。故芍药又称"白犬"。

泪露芍药

苏轼刚出任扬州知府时，适逢一年一度的万花会。他看到一盆红、黄、白色相间的芍药，非常欣赏。当时这是一位称花翁的老人培养出来的珍品，知县为了占有这盆芍药，还将老人打伤，苏轼极为愤怒，乃责令知县拿出半年的俸银给花翁治病养伤，同时宣布废除一年一度的万花会，并将这盆芍药还给花翁。花翁感激涕零，在家人搀扶下，执意将这盆三色花瓣的精品送给苏轼，苏轼推辞不过，只好收下，将它置于案头，并为它取了一个名字，叫“泪露芍药”，以警示自己为官要心中装有黎民百姓。

坐花载月

北宋庆历八年(1048)，平山堂广三间。堂建成后，欧阳修邀约一班文人，常在这里饮酒娱宾，吟诗作赋。《避暑录话》载：“公每暑时，辄凌晨携客往游，遣人走邵伯取荷花千余朵，插百许盆，与客相间，遇酒行，即遣妓取一花传客，以次摘其叶，尽处则饮酒，往往浸夜，载月而归。”如今堂上还挂有“坐花载月”、“风流宛在”的匾额。堂上匾额、楹联、石刻很多，无不精彩。其中尤以清嘉庆年间扬州太守伊秉绶所撰“过江诸山，到此堂下；太守之宴，与众宾欢”一联，最为脍炙人口。清人曾专门作有《传花宴客图》，生动地描绘了当时的情景。

坐花载月匾额

另据记载，宋庆历八年(1048)，欧阳修任扬州太守，建平山堂，堂悬“坐花载月”一匾，其跋云：“平山堂为江南名胜，宋庆历中欧阳永叔守扬州时筑堂于蜀冈，因此得名。岁已，偶游江都，登此堂凭栏远眺，江南诸山齐在眼底，月挂树颠，花迎四座，洵登临之大观也，因取欧阳公遣人持荷花行酒载月故事，敬书数字，以志游踪。”原来，留传于民间的“击鼓传花”游戏本源于此。据记载，当年欧阳修派人快马去邵伯湖采摘荷花，插在平山堂花盆中，同时邀请文人墨客行酒共饮，当酒兴大发，欧阳修吩咐家人取一鼓，并抽出一支荷花，对在座宾客说：击鼓传花，鼓停，花在谁手，赋诗一首，以文欢庆。直到明月高升，才载月而归。

薛公柳

据张邦基《墨庄漫录》载：在扬州蜀冈上、平山堂前，欧阳修当年曾手植柳树一株，人们称为“欧公柳”，并曾作词：“手植堂前杨柳，别来几度春风。”清人刘嗣绾作《欧公柳》：“桓公柳，金城边。欧公柳，平山前。官塘杨柳千株植，柳眼曾看几今昔。醉翁一醉七百年，记得荷花为公折。荷花依旧邵伯湖，此柳得似甘棠无！”将欧阳修在扬州的故事串成一气。后来薛嗣昌担任扬州地方太守时，亦种一株，自称“薛公柳”，人莫不笑之。薛嗣昌在位时，人们碍于情面和慑于权势，只好任其自然，待他一走，薛公柳再无人知晓，为平山堂平添一则笑话。

嫁　杏

宋人庞元英《文昌杂录》载：朝议大夫李冠卿在扬州有居所，堂前有一棵杏树极大，每年开花十分繁盛，可从来就不结果实。一天，来了一个媒婆，她见到这株杏树，就笑着对主人说：“等明年春天，我替你家把这株杏树嫁了吧！”到了这年深冬时节，媒婆果然携酒一樽，称这是谈婚论嫁——“撞门酒”，然后拿了一条处女穿的裙子,系在杏树上,接着就对着这株杏树酹酒吟词,煞有介事。主人见状,无不开怀大笑,以为荒唐。等到来年春天,这株杏树开花后,竟然结子无数。

李易奇遇

古代乡试一般安排在农历八月举行,时值桂花盛开,八月遂又称桂月,人们把录选的考生称为折桂。又因桂树有个美丽传说:讲月中桂树"高五丈,下有人常砍之,树疮随合,其人姓吴名刚,西河人,学仙有过,谪其伐树"。杨万里《月桂》诗:"不是人间种,移从月里来。广寒香一点,吹得满山开。"将月中之树与神话联系在一起,誉为"月中折桂"、"蟾宫折桂"。

《花间新闻》记载着一则故事,谓南宋高宗建炎二年(1128),扬州一位名叫李易的士子出城闲游,突然见花丛中一巨大红轮自地中升出,内有美女四五人在织绢,绢上记有许多人名,第一个名字就是李易,他因而问织此绢何用,美女答云:"登科记也,到中秋时知之。"这一年的秋天,宋高宗南巡扬州,贡士云集。八月考试放榜后,李易果然高中第一。至此,他才恍然大悟,前所见者乃蟾宫(即月宫)景象。

李易,字顺之。宋高宗建炎二年因金兵所逼,南下移至扬州,这一年的进士考试,也就设在了扬州。李易以扬州人考中在扬州开科的状元,成为扬州人的骄傲,他中状元时,例应赐喜宴庆贺,他因国难方殷,力请辞免,为时人称道。嘉靖四年(1525),扬州知府易瓒为了昌明圣学,宏开文运,便将文津的坊名改称状元坊,并将扬州历史上的三位状元的官讳、职衔镶刻在牌坊上,自此,这条巷子便称做三元坊或三元巷。这就是扬州三元路的来历,这三个状元分别为吕溱、王昴和李易。

康山园芍药

乾隆己卯(1759),大盐商江春的园子——康山水南花墅的芍药开出一枝并蒂,次年又开出十二株并蒂,枝皆五色。盐转运使卢见曾为之绘图征诗,蒋铭书《水南花墅开并蒂芍药十二枝》:一茎偏宜两髻丫,天工输巧弄芳葩。凭栏忆得香山句,十二金钗看此花。水南花墅又开出了黄芍药,盐商马曰琯又为其征诗。

铁佛寺梅花

铁佛寺位于城北,始建于唐代光化年间,本为淮南节度史杨行密故宅。天复二年(902)杨行密被封为吴王后,舍宅为寺,初名"光孝院"。宋建隆四年(963)在寺院铸造铁佛,因故名铁佛寺,此后又曾有过光化寺、兴教寺等名。

据《扬州画舫录》卷一载:明末清初该寺院方丈室内,有梅树三株,中有一株为三色梅,远近多红叶。明末画家陈洪绶,字章侯,号老莲,浙江诸暨人,曾在宫廷作画,清兵入浙江后,曾于绍兴云门寺为僧一年余。所作画,后由名工镌刻成明清版画。有一年他专门携妾来扬州看寺中红叶,并画一枝悬于帐中,指其貌曰:此扬州精华也。一时传为美谈。

他在扬州所作惟一的诗《失题》:

千里别无恨,有怀在醉翁。
棹头杨柳色,驴背落梅风。
酒劝扬州女,歌听吴市童。
归来茶正熟,生活竹溪东。

柳絮飞来片片红

扬州八怪在扬州生活期间,和盐商们保持着良好的互动关系,盐商们为画家提供资金,保证其生活来源,画家们为盐商们附庸风雅、追逐儒风,乃至家庭教育、学术研究提供必要的支持。常常用来引证这种关系的例子便是牛应之《雨窗消意录》甲集卷三所载的一则有关花诗的轶闻。

钱塘金寿门客扬州,诸鹾商慕其名,竞相延致。一日,有某商宴客于平山堂,金首坐,席间,以古人诗句"飞红"为觞政。次至某商,苦思未得,众客将议罚,商曰:"得之矣,柳絮飞来片片红。"一座哗然,笑其杜撰。金独曰:"此元人咏平山堂诗也,引用綦切。"众请全其篇。金诵之曰:"廿四桥边廿四风,凭栏犹忆旧江东。夕阳返照桃花渡,柳絮飞来片片红。"众皆服其博洽。其实乃金口占此诗,为某商解围耳。商大喜,越日以千金馈之。

见花思乡

扬州作为一个花城,花卉盛开的美丽景象给许多从小生活在这里的人留下了极其深刻的印象,这些印象常常地留在脑海里,当他们走出扬州,仍然会记得这些景象,有时看到记忆中的花卉,会作为思乡的慰藉。

阮元孙女阮恩滦嫁于浙江钱塘沈霖,著《慈晖馆诗词》,她曾写过一首诗,诗题点名这首诗的来龙去脉,题为《秋夜梦归邗江,并得句云"花奴载菊自江乡"。忆先文达公(阮元字文达)抚浙时,每至秋晚,必命花奴自维扬载菊一舟,藉传家乡风景,绘有〈秋江载菊图〉,故梦中云云,因足成之》。诗题很长,那种看到一句诗,便想起祖父以爱菊、赏菊慰藉思乡的场景,实际也是一种思乡情绪的重现,家乡的菊花一定是她爷爷留给她最美好的记忆。这首诗全文为:

家园回首费思量,城郭依依认绿杨。

琴客弦诗宜水调,花奴载菊自江乡。

柴桑粉本秋容淡,瓜步钟声驿路长。

梦醒不知窗月皎,白云何处倍神伤。

当从远方家乡运来的菊花就在眼前时,那种感慨、满足、慰藉只有当事人才能体会到。扬州的菊花在阮元心中也一定是非常美好的回忆,否则他绝不可能遣人到扬州载上满满一船的菊花到杭州。

其外还有一首王尔铭(咸丰年间人。字剑秋,扬州人)所作的《有杨柳颇似家乡莲花桥一带光景,感赋一绝》:

一番触景一番伤,递进连桥十二行。

我赋归来非获已,风光何苦肖家乡。

表达的也是这种游子见花思乡的感情。

以桃咒人

扬州算是一个桃花盛开的地方,桃红柳绿构成扬州著名的春景,吟咏桃花的诗文也不少。但在清道光年间,扬州掀起了一个憎恶桃树的时尚,据《水窗春呓》卷下"改盐法"条载:

陶文毅改两淮盐法,裁根窝,一时富商大贾顿时变为贫人,而倚盐务为衣食者亦皆失业无归,谤议大作!扬人好作叶子戏,乃增牌二张,一绘桃树,得此者虽全胜亦全负,故人拈此牌无不痛诟之;一绘美女曰"陶小姐",得之者虽全负亦全胜,故人拈此牌辄喜,而加以谑词,其亵已甚。

五岳歸雙屐孤雲伴一身
不圖向禽後復見有斯人
銀河至析木借問幾萬
里安有博望槎泛泛只
一水 神馬與虎輪卧遊
即雲巒一展少文圖勝讀
何鏜記 我亦習行縢
煙水緣多結快遇輞川
人為余補鴻雪
仙槎詞家屬 雲汀陶澍

陶澍手迹

陶文毅就是曾任两江总督兼两淮盐政的陶澍，他在任期间将垄断盐业的“盐引”改为“纳税领票”，任何人只要向运司衙署纳税，即有盐业运销的权力，这从根本上触动了扬州盐商的利益，引起了盐商的愤恨，阮元的《揅经室续集》载：“自陶澍清欠币后，公私皆没入，旧时翠华临幸之地，今亭馆朽坏，荆棘满地，游人限足不到。”盐商们对陶澍的恨是来自自身利益的冲击，以牌绘桃（陶，同音），诅咒还不解恨，据王焕镳《陶澍年谱》卷下云：“迄今扬俗犹有岁除伐桃树颓风，盖当时鱻商怨公之深，于此可见。”后来有人作诗“戏他桃花女，砍却桃花树；盛衰本有自，何必怨陶澍”。

扬州的桃树因为陶澍的关系受到一场意外的厄灾，也算是扬州花史的一则轶闻。

中日友谊莲

1979年邓颖超副委员长访问日本奈良唐招提寺时，森本孝顺长老受“荷花博士”大贺一郎博士的学生、日本和歌山县立日商高校的阪本佑二先生委托，将珍贵而意义深远的“中日友谊莲”和已在唐招提寺内栽培1200余年的“唐招提寺青莲”，赠送给邓颖超副委员长。1980年4月“鉴真大师像回国巡展”在扬州展览期间，中国科学院武汉植物研究所为缅怀鉴真大师和表示对中日两国人民友谊的良好祝愿，专程派员，将经武汉植物研究所一年培育的三个莲花品种护送到扬州，栽种在大明寺内，而成为世代佳话。

名花习俗

花卉既然很早就走到了扬州人的生活中，自然和扬州人的日常活动有着密切的联系，必然在长期的联系中有着丰富的人文积累，既而在这些积累中形成特色和风格，这些都足够让花卉的使用成为一种习惯、一种传统、一种精神文化方面的遗产，这样就形成了一种传统习俗，并不断延续下去，充实着一代又一代扬州人的生活。其中不少习俗中的消费品被人生产，成为扬州特有的工艺品，扬州被列为省政府 15 个保护工艺品之一的制花（绒花、通草花）就应该作为习俗的产品之一。

爱美赏花

培植花木、赏花惜花、制作盆景、侍弄花木历来被人们看作是怡情养性之举，扬州人爱美、爱花，他们种花、养花的历史悠久。早在南北朝宋文帝元嘉二十四年（447），徐湛之在广陵做南兖州刺史时，就已出现了“果竹繁盛，花木成行”的园林，清代的花木栽植更成为民居住宅布局的重要组成部分。1500年以来，经过花农和花匠们的世代沿袭、创新，扬州的花业不断发展，产生了自己的流派和习俗。

种花

种花的目的无非有三：一是以花谋业，养家糊口；二是美化环境，点缀建筑；三是养花寄情，以花言志。旧时，扬州的富商大贾的住宅都有花园，稍次一点的，也有花房，今天一些盐商的住宅园林的后半部多是此类性质，如卢绍绪住宅、汪氏小苑、个园等。据《扬州画舫录》卷四载，清代扬州北郊的梅花岭、傍花村及堡城、小茅山、雷塘一带皆有花院，园种户植，接架连荫，湖土园亭，皆有花园，为莳花之地。“花则月季、丛菊为最，冬于暖室烘出芍药、牡丹，以备正月园亭之用。”（《扬州画舫录》卷二）花匠们一般在清晨将鲜花装盆送到城里主家的客厅、书房和庭院的花架上，使得主家住宅内外，一年四季总是鲜花盛开。位于得胜桥的富春茶社，原名为富春花局，改成茶社后，每张桌上一年四季都放不同的鲜花，成为其特色。

扬州人栽培花木，大体有家前屋后栽植、园林栽培、庭院种植、花农大面积栽培等。

长期以来，农村人喜欢在自己的家前屋后栽大栀子花、月季、芍药、菊花、凤仙花等花卉，城里人喜爱在庭院中栽植牡丹、芍药、月季、蔷薇、菊花、桂花、腊梅、天竹等花草。少数住宅庭院小，但经济条件尚好的，还利用树棍或毛竹在屋顶上搭架，放置花盆养花，形成早期的屋顶花园（1960 年前贤良街——今萃园路就有）。还有花农将白兰、茉莉等香花用铜丝穿扎成花碟、花篮、花球、花桌围和“福、禄、寿”三星人等形态各异的艺花制品，装饰在厅堂，悬挂于斗室，既可供观赏，美化环境，又能使宾客享受到香气，令人顿感幽静凉爽。

住宅园林、同乡会馆内，除了广建亭台楼阁、争垒假山、多凿鱼池、广植树竹外，还种植桂花、玉兰、春梅、腊梅、迎春花、桃花、天竹、牡丹、芍药、菊花、荷花、睡莲等花木、花草。后来，为使无处栽花的人能玩花、赏花，一些有地的人家便辟地种花出售，一些有地的花农更是辟大片土地种花。清代郑板桥“十里栽花算种田”的诗句，便是这一情景的写实。如今，扬州城郊还有不少与花有关的古地名，如花局巷、花井巷、花园巷、莲花桥、荷花池、梅花岭、芍药巷、琼花观、傍花村、花园庄、东花园、西花园等，便是扬州人爱花、种花的史证。

扬州人种花还非常讲究实用性。种植的花卉可以馈赠亲友，还能供人们（特别是妇女）佩戴，如栀子花、白玉兰花、茉莉花等；而且能饮用，如用桂花做汤圆，用珠兰花、茉莉花、岱岱花（香橼花）配制花茶，用广玉兰花包圆子；亦能药用，如菊花、月季花花朵，芍药花根，茱萸果实等，以及提炼香精、制作干花等。

扬州人培植的花草树木，除闻名华夏的琼花、芍药外，木本花有桃花、樱花、迎春花、月季花、玫瑰花、玉兰花、茉莉花、杜鹃花、茶花、米兰花、紫薇、扶桑花……草本花有兰花、珠兰花、海棠花、仙客来、金银花、菊花、虞美人、美人蕉、炮仗红、凤仙花、水仙花、昙花、睡莲……观赏草木有文竹、天竹、龟背、香橼、含羞草等。它们有的生长在地里，有的被栽植在盆或缸中。到了近代，花农(或花工)们盖起了玻璃暖房，到冬季将一些怕冷的盆(或缸)栽花草树木，搬进暖房过冬。

为增加花草树木的观赏价值，育花人用嫁接等方法，不断培育发展新品种，扩大观赏范围；用修枝、造型等技术，不断提高育花技艺，丰富人们的观赏内容。

目前除各公园广植花草树木外，大大小小的花园、花圃几乎遍布扬州城郊。具有一定规模的就有红园、竹西公园、盆景园、曲江公园、文峰花园、梅岭花卉盆景园、潘桥花木场、双桥花木场、堡城花木场等。此外，更多的普通城乡居民亦喜欢在自己的家前屋后或庭院内，栽植花草，即使是住在楼上的居民，也喜欢在阳台上、桌案头，放置月季、菊花、兰花、米兰、君子兰、茶花、文竹、金桔、香橼等盆栽花木，点缀居室，美化环境。

穿 花

穿花是用细金属丝或丝线，穿上各种鲜花，扎制成不同形式穿花制品的技艺。中、大型的穿花制品，还用铅丝、竹蔑甚至竹、木枝条作骨架，扎上穿花方可制成。

扬州穿花，历史悠久，形态各异，丰富多彩，用途广泛。旧时，为适应妇女戴花（有些男子也戴花），穿花艺人最简单的是将细铅丝扭成圈后，两头各插一朵白兰花或茉莉花朵，供人们挂或戴；有的将茉莉花朵穿后圈成一环，做成花手环，让人戴在手腕上或鬏、辫根。明末清初郝璧《郝兰石先生集》中的《扬州竹枝词》有“花衫女子翠缨罗，珠帽儿童响玉珂，各带迎春花鬓侧，行人绮陌踏青歌”，乾隆时张维桢在《观音香竹枝词》也写到：

家住江滨近白沙，今年雨足好桑麻。
蓬松短发红绳系，一面斜簪茉莉花。

以上两种穿花，由卖花者盛在小篮里提着，走大街、串小巷、进剧院、跑书场、串茶社、进浴室出售。这两种穿花现在仍然可见。有的还将白兰、茉莉、腊梅等鲜花，穿扎成如意、纸扇、蝴蝶等形状，供妇女插于发髻上，挂于衣襟间；有的将白兰花、茉莉花、栀子花等各种香类鲜花穿起，扎成花篮，卖给人家挂于厅堂欣赏，同时调节空气。

解放前，民间较富裕的人家婚丧寿庆时，多请穿花艺人制作一些别致的穿花作装饰。结婚喜庆时，用红色鲜花做成双喜、“龙凤呈祥”、“百年好合”等花字，并把一两只插满鲜花的花篮放在新房中，以增加喜庆气氛和室内香气；有的还在喜宴桌上放四只花碟子（碟内放有三角形铅丝架支撑的缀有三四层鲜花串的花塔），供宾客们在开席前边闲聊、边赏花；

新郎、新娘胸前佩戴的胸花，中间是一朵红色的大丽（理）花，四周围一圈洁白的茉莉花，下边坠两朵玉白的白兰花。老年人过生日做寿时，用穿花做“寿”字及“鹿鹤同松”、“福如东海”等字；借用竹木骨架和瓷头像，穿花制成老寿星或福、禄、寿三字；有的还用穿花做成花桌围，桌围上用花缀成“寿”字。遇有老人逝世的丧事时，用穿花做成“奠”字，放在供桌上；还做成花桌围，桌围上用穿花缀成“西方接引”四个字。遇有庆典活动时，穿扎彩楼、花亭、花宝塔、宫灯、“狮鹿猴象”等。做大型穿花件时，不同的季节采用不同的的鲜花，如春季的春梅、杏花、桃花、迎春花，夏季的白兰、茉莉，秋季的桂花、菊花，冬季的腊梅。一般用柏树叶等绿叶做底衬和配色，使其色彩鲜艳、韵味幽深。

扬州的穿花，以平山乡的堡城村和城东乡的文峰村最为出名，其中堡城村的穿花技艺更负盛名。他们的穿花艺人世代相传，高手迭出。王氏、仇氏、陆氏老艺人身怀绝技，轻易不露。1969 年国庆二十周年时，堡城人制作的彩色天安门模型，便用鲜白兰花和茉莉花穿作制成围须，参加扬州市国庆游行，深受广大市民赞赏，并获得市政府奖励。1989 年秋，堡城人受扬州市政府的委托，用钢筋作骨架，采用枸桔、鸡冠花、白兰花、茉莉花等，穿扎制作，做成两只 1.3 米高的大花篮，送到北京举办的第二届中国花卉博览会江苏厅扬州馆展出。在开幕式上，让中外观众大开眼界：色彩鲜艳，形态逼真，香气四溢，经久不散。参观者无不赏心悦目。

制　花

扬州人爱花，爱种花，爱赏花，爱戴花。但是，鲜花由于受季节的限制，又容易凋谢，不能天天都有。于是扬州很早就出现了人工制花。人工制花有纸花、绒花、绢花。解放前，扬州城里制花店有二三十家，主要集中在湾子街、得胜桥、大东门等处。纸花、绢花大多只制花、叶，而绒花制品较多，除花外，还用绒制成老虎、蜈蚣、龙、凤、雀鸟等动物，宝塔、楼阁等建筑物，“福”、“寿”双喜等字，让人们根据不同节日和喜事、寿庆等情况，选购不同的花制品。

1956年初，扬州众多的制花艺人联合起来，成立了扬州制花厂，变个体制花为工厂化集体制花，使得制花技艺得到进一步弘扬，并形成一定规模。

现在的人工制花，绒花已不多见了，纸花和绢花虽仍可见，但大花多、小花少(因小花多供人戴，现在戴花的人少了)，又增加了塑料制花。现在的制花，多将它们制成花篮、花串和花束，主要供人们点缀居室。

盆景

扬州盆景的特点是功力深厚、取其自然、借鉴画理、以小见大、别具风格，被称为“无声的诗，立体的画，生命的艺雕”，1973年被国家有关部门列为包括（广州）岭南派、(上海)海派、(成都)川派、(苏州)苏派在内的全国盆景五大流派之一。

扬州盆景形式多样，名具特色。《扬州画舫录》中几次提到盆景，卷二载：

> 养花人谓之花匠，莳养盆景，蓄短松、矮杨、杉、柏、梅、柳之属。海桐、黄杨、虎刺，以小为最，花则月季、丛菊为最。……盆以景德窑、宜兴土、高资石为上等。种树多寄生，剪丫除肄，根枝盘曲而有环抱之势。其下养苔如针，点以小石，谓之花树点景。又江南石工以高资盆增土叠小山数寸，多黄石、宣石、太湖、灵璧

扬州盆景园一隅

之属，有圵有屾，有罅有杠。蓄水作小瀑布，倾泻危溜，

其下空处有沼，畜小鱼游泳呴濡，谓之山水点景。

可见，扬派盆景的基本形式其主要可分为树桩盆景、水石盆景和水旱盆景三大类。

树桩盆景　扬州人制作树桩盆景，选用五针松、罗汉松、桧柏、榆树、黄杨、银杏、春梅等100多个树种，采取提根、修枝、弯扎、摘叶、掐芽等方法，使其具有根露、干粗、枝曲、叶细等特点。其制作造型又分为四种形式：一是自然式，即用植物生长的自然形态，培植自然景象，如虎刺、六月雪、竹子等；二是云片式，即用黄杨、榆树、银杏等老树根上新长的枝条，剪扎弯曲，形成一寸三弯，使其细枝及树叶长成云片形，云片之间平行匀整，层次分明，是扬派盆景的典型代表，其蜚声海内外的，有“瑞云”、“翠云”、“巧云”等名称；三是古朴式，即根据树木主干和根部的自然形态，经人工修整、制作，使其成为上如云片盖顶、下部根形奇特的造型；四是意理式，即以植物为主体，配以各种石料，造成盆中奇特景象。

扬州树桩盆景，现存培育在百年以上的有 27 盆。其中存在扬州盆景园的驸马柏，据传为明末崇祯皇帝驸马、泰兴人季真亲植，迄今已有约三百七十年历史。树高三尺多，根部露出，树干弯曲绽裂，枝叶繁茂，直径三尺，树冠呈云片状，似一把撑开的大伞。其照片被《中国盆景艺术》放于首页，定为四星级保护盆景。还有一盆银杏盆景，高二尺多，树身是一个隆起的银杏树根，下部粗如倒碗，向上渐细，形如石笋。树根上的枝条绕于树身而长，扇形的树叶一簇簇、一层层，似天空浮云，造型优美，意境独特，今不知存放何处。其照片已被制成 1981 年的盆景邮票。

水石盆景 扬州水石盆景以加工细致、布局自然、意境深远见长，“丛山数百里，尽在盆盎中”。水石盆景选用石料严格，同一盆景中要求石质相同，色彩一致，纹理相通，拼配、雕刻、嵌接，不露人工痕迹。常用的石料有芦管石、石笋石、斧劈石等 20 多种。有的山石上栽植植物，山石下配以屋宇、亭台、舟楫及船夫等。

水旱盆景 水旱盆景兼采树根盆景与水石盆景之趣，在同一盆景中，既有草木，又有山石，还有泥土。造型独特，小中见大，别具匠心。盆中有山有水，有树木有花草，有石有土，有屋宇有亭台，有小舟楫，有渔樵人物。因物造景，以景抒情。山川田野，一片郊野风光，给观者以身临其境之感。

扬州有不少人以制作盆景为乐趣，除一些花工栽花种草、制作盆景外，还有一些业余爱好者，一有闲暇便专心自制盆景，以此作为陶冶情操的活动。亦有一些离退休的老人，以此作为颐养天年的爱好、安度晚年的乐趣。近年，扬州盆景参与各种比赛屡有所获。

赏花

扬州人赏花有花园看花、盆栽赏花、插花观赏、穿扎花和佩戴花等多种方法。

花园看花是普遍现象。在鲜花盛开季节(如深秋赏菊),人们单个或结伙到花园或公园里去看花,一边观赏,一边品评。一些文人雅士一边看花,一边以花吟诗,为花作赋。画花和剪花者,边看边揣摩,看后画出或剪出源于生物又集中表现的各种花卉绘画或剪纸。

盆栽赏花1980年以后发展尤快。因花草是栽在花盆里的,体积小,便于搬动,易于管理,可根据气候变化任意搬进搬出,亦可根据美化环境的需要随意移动。盆栽花既是为了欣赏,又是一种养花方法,养花人可借此振奋精神、陶冶情操。用花盆栽的花常见的有月季花、茉莉花、杜鹃花、茶花、六月雪、菊花、海棠花、兰花、米兰、君子兰、石榴花等,一般家庭多有,单位办公室、会议室也有(特别是菊花),以供人们随时观赏。

插花就是用花瓶插养鲜花。扬州人喜爱插花之俗由来已久。过去,稍富裕的人家,家中的几案上常置花瓶,供四季插花。花瓶,以前用瓷花瓶,现在有些人家用玻璃瓶。供插的花有芍药、牡丹、桃花 、荷花、桂花、菊花、月季花、迎春花、春梅、腊梅、带红果的天竹等。而今,市面上开了好些花屋、花店,除出售供瓶插的鲜花外,还出售绢花、纸花、塑料花,供人们美化居室,点缀环境。除家庭插花外,不少餐馆还在餐桌上放一至几瓶插花,供顾客餐前欣赏,增加雅趣。

佩戴花。爱美是人的本性,特别是妇女,打扮入时,穿着得体,爱美爱香,更是她们的特点。过去妇女打辫子或梳鬏在头上戴上一两枝鲜花,既应时又增美,实为雅事。现在大多数妇女虽留短发,仍有用发夹戴花的。妇女们戴的花根据时节变化而变化,曾为妇女们戴的花大致有春梅花、腊梅花、栀子花、白兰花、茉莉花、月季花、玫瑰花、杜鹃花、凤仙花、菊花、芍药花、牡丹花等。不仅妇女爱戴花,以前男子也爱戴花。男子戴花一般戴在帽子上,也有戴在身上的。身上戴花有的戴在大衣或长衣的上钮扣上,有的戴在对襟钮扣上,有的插在左胸口袋里。身上戴花一方面是装饰,另一方面是为了闻香。因此,所戴之花主要是栀子花、白兰花之类的香花,秋、冬季节,也有在左胸衣袋中插一枝桂花或腊梅花的。现在,妇女戴花的已不多,男子戴花已绝迹。

花 节

花朝节:农历二月,天气渐暖,春意萌动,万物复苏,欣欣向荣。二月十二日,传说是百花仙子的生日,称为“花朝”。到了这一天,种花的人家都要给每株花系上红布条,或裹贴红纸,谓之“挂红”,以示庆贺,并企求花木繁茂、花业兴旺。扬州关于花朝有两首童谣:“二月二,家家接女儿,接得回来吹笛子,接不回来捏鼻子。”“巴掌、巴掌,打到二月二。割韭儿,摊饼儿,家家户户带女儿。女儿不回懒腿儿,不带女儿穷鬼儿。”为什么要在花朝节接女儿呢?吴系园《扬州竹枝词》曾称:二月二“为龙抬头日,凡已嫁之女,母家必备酒食,迎其归来,故是日自朝至暮,车水马龙”。龙抬头,扬州人怕女儿动针线,伤了龙目,故接女儿回家,不让做“女红”。

花朝节给花枝挂红,起源于唐代。据郑还古《博异记》记述:有个叫崔令徽的人,一天接受了花仙的请求,在花园的东边树起一杆红幡,镇住了风婆的侵害,保护了百花。此后,人们仿效沿袭，遂成风俗。厉惕斋《真州竹枝词》中有《花朝裁红系木》一诗：昔日戏将罗绮集，今朝都用剪刀分。攀枝系入东风里，一片红云倚绿云。

给百花挂红之俗，现今在扬州郊区的种花人家仍然可见，最明显的是平山乡堡城村。

另一个与花有关的节日便是重阳节了。农历九月初九称为"重九"。古代又以"九"为阳数之极，两阳相聚，故又称"重阳"。九月已是深秋，时暖时凉，疾病易行，所以古人有许多以防病健身为目的的民俗活动，重阳实为其一。晋代葛洪《西京杂记》载："九月九日，佩茱萸、食蓬饵（按即今之重阳糕）、饮菊花酒，令人长寿。"后来，人们引申出尊长敬老的含义，把重阳节定为"老人节"。

梁人吴均《续齐谐记》中记载：汝南人桓景，多年来一直跟随道士费长房外出游学。一天，费长房对桓景说，九月九日你家将有灾祸，你要赶快回去，令家里人每人做一只"绛囊"，内盛茱萸，系在手臂上；当天全家要外出登高，饮菊花酒，这个灾祸就可消除。桓景按照费长房的话一一照办。晚上回家，果然见家中的鸡犬牛羊都暴死了。这最早阐释了重阳登高的由来。

清人韩日华撰有一组《扬州画舫词》，其中一首云："到眼寒花灿不分，隔溪小犬吠耕云。年年风雨重阳里，谁上村南叶相坟！"其后，咸丰时的徐兆英在所撰《扬州竹枝词》中也云："重阳士女聚如云，郭外闲游日未曛。赏菊傍花村里坐，登高还上叶公坟。"徐词有注："重九日，士女多赴郭外傍花村赏菊，以叶公坟为登高之所。"《广陵潮》第六十七回述晋芳收到扬州寄来的信云："大约总请母亲到扬州过重阳节，在天宁寺三层楼上登高。"董伟业《扬州竹枝词》有云："菊花时候雨消魂，晓霁园田净草根。过小红桥叶公墓，看飞来鹤傍花村。"其他的诸如文峰塔、梅花岭、观音山、司徒庙等，也都成为扬州人重阳登高的好去处。

“赏秋”的重要内容之一就是赏菊。过去扬州许多商家在重阳节这天，要在店堂里陈列一座菊山，上百盆五彩缤纷、争奇斗艳的菊花，能招徕众多的顾客。

《江南好百调》有云：“扬州好，重九快吾曹。联袂菊桥同访艳，振衣梅岭更登高。沽酒史持螯。”扬州人赏菊还有特殊的讲究，不仅白天“看形”，更注重野外间“赏影”。当花匠把菊花送来，主人会特意选择一间雅致的“精舍”，把栽有菊花的泥盆套进青瓷或紫砂的花盆中，高低错落地摆放。到了晚上，接来三五好友，宾客入座后，熄灭大灯，专用烛台点燃几支蜡烛，借助烛光赏菊。每当烛台移位，壁上的菊影随之变换，益形娟秀。厉惕斋《真州竹枝词》有《菊影》一首曰：“长盆短盆尽横陈，为照幽芳蜡代薪。若论看花须看影，纷披壁上更精神。”

如今，每年重阳节前后，公园里还有“艺菊”展览，每盆“艺菊”都标以富有诗意的名称。

花　市

花农们培植出的鲜花，一般靠用担挑（多数是盆栽花）和小篮提到城里，走街串巷，出售给市民们观赏。但也有专门供卖花的季节性花市，集中交易花卉盆景。

宋代以来，扬州城里开明桥（在四望亭以东的汶河上，今已无存）一带，就有花市。《扬州画舫录》卷四载：“花市始于禅智寺，载在《郡志》。王观《芍药谱》云，扬人无贵贱皆戴花。开明桥每旦有花市。盖城外禅智寺、城中开明桥，皆古之花市也。近年梅花岭、傍花村、堡城、小茅山、雷塘皆有花院，每旦入城聚卖于市。每花朝于（天宁门街）对门张秀才家作百花会，四乡名花集焉！”那时主要交易芍药等四时鲜花，后来随着花卉品种的增加，花市交易的品类也随之增加。但随着时间的流失，因多种原因，开明桥的花市早已不复存在。

二十世纪七十年代后期，扬州又恢复了花市交易。恢复的花市由绿化部门组织，时间多在 10 月 1 日前后，地点开始相对固定在今史可法路南段，后来每年花市的地点有所变动，曾在过解放东路、三元路西南端、市体育场，1991 年起又固定到瘦西湖公园北大门外东侧。每年参加花木交易的生产单位，少在六七个，多到十二三家。目前经常性的花卉交易，集中在红园南河边的花鸟市场进行，有了较为固定的场所。

花　会

扬州的花会始于北宋。蔡京在扬州做知府时，为了提高自己的声望、提高扬州芍药的知名度，便模仿洛阳的牡丹花会，在扬州搞起了“芍药万花会”。每次花会，采摘十多万枝鲜芍药花，邀请宾朋佳客聚会品赏。一时间，高朋满座，五彩缤纷，众口赞艳，满室清香。北宋文学家晁补之《望海潮·扬州芍药会作》写道：“年年高会维阳。看家夸绝艳，人诧奇芳。结蕊当屏，联葩就幄，红遮绿绕华堂。花面映交相，更秉菅观洧，幽意难忘。罢酒风亭，梦魂惊恐在仙乡。”可惜会一散，与会者便将将所执之花随手扔于路旁，耗民心血，摧残奇葩。后来，苏东坡于元祐七年（1092）二月到扬州任知府，取消了“芍药万花会”。

此后，大约从清代后期起，南门外宝塔湾一带的花农，把农历五月十八日的那天也当作花会期，举行花会。但这种花会与蔡京的“芍药万花会”完全不同。

每年到五月十五左右，花会的主办人便沿庄敲锣，通知各家花农停止出售鲜花，赶紧扎制花亭、花轿、花船、花牌楼、花宝塔、花担、花篮、花伞等花饰品，以备出会。五月十八日这天，各户提前吃中饭，饭后到文峰塔西南的都天庙集中，主办人说明出会路线和注意事项后，花会队伍便出发。前面由两面大铜锣开道，紧跟其后的是细吹细打的民族器乐队，再后是花农队伍。他们一个个头戴鲜花，身佩鲜花；有的抬着花宝塔，有的抬着花牌楼，有的抬着花亭，有的抬着花轿，有的“荡”着花船，有的挑着花担，有的扛着花伞，有的提着花篮。一路上：

民乐队细吹细拉，扬州小调悦耳；
花农们欢声笑语，地产鲜花醒睛。
五颜六色夺视线，沿途清香舒心；
锣鼓鞭炮远报信，一条花龙徐行。

浩浩荡荡的花会队伍，进福运门，经引市街，穿砖街（今渡江路）、辕门桥、教场街、运司街（今国庆北路），出天宁门。曲折蜿蜒，直抵观音山朝山敬香。

这种花会习俗，一直沿续到解放前夕。

礼 花

从二十世纪九十年代起，扬州人开始用花作为礼物赠人。赠花的形式有两类。一类是以鲜花束赠予友人，这类赠花除儿童献花外，还不很普遍，只是少数人买一束鲜花送给友人，或看望病人。另一类是赠花篮。这又有两种形式：一种是企业或商店开业时，有关单位或个人，赠送一只象脚鼓形花篮，内插绢花，绢花两侧各有一条红绸飘带，右边飘带写上祝贺词，左边飘带为赠送单位或个人落花流水款，一时间，凡是新开业的单位门前都摆几只甚至十几只花篮；另一种是各式小型花篮，篮内艺术性地插上各色鲜花，并配以鲜草，上面大多数亦有红绸飘带，这种花篮用场较多，如给人日常喜事、祝贺节日、庆贺生日、看望病人，甚至献给故世亲友，乃至扫墓。

此外，一些年轻人结婚接新娘的轿车，在接新娘的前一天下午，亦要到鲜花店（屋）去，装上彩花条，放置新婚标志物（一对微型新人），以增添喜庆气氛。

绒　花

绒花，也称宫花。据传，唐代杨玉环因鬓有小疵，故常以绒花饰之。绒花丝质柔软，色彩鲜艳，故深为后妃所喜爱，此后帝后宫妃均相习之。至今，故宫博物院尚藏有清代帝后们大婚时佩戴的各式绒花。

绒花，也称喜花。古代扬州，经济繁荣，文化发达，城乡仕女，向来崇尚装饰，以戴花为荣。逢年过节，喜庆大寿，以至走亲访友，逢会赶集，都要佩戴绒花。且绒花寓意吉祥，更受人喜爱。人们根据不同时节选戴各种不同题材内容之绒花。如初一、十五戴“吉祥如意”花；结婚时戴“双喜”、“百头到老”花；过年戴“万年青”、“财神进宝”、“聚宝盆”；中秋戴“宝塔”、“荷莲”、“藕”花；端午戴“老虎”、“五毒”等以辟邪为内容的花；丧事则戴白色或蓝色的绒花。李真在《广陵禁烟记》中有“城里人家中有红白喜事或是逢年过节，妇女头上兴戴花，就戴这种绒花，用丝绒花儿插在头上，既美观，又能表达意思。比如家中有人做寿，头上就插红寿字绒花，家中有人成婚，便插双喜绒花，还有鹊儿登梅、麻姑上寿、丹凤朝阳、福星高照、招财进宝以及各式花卉翎毛，形态十分逼真，花钱也少，可以放置几年不变色。”

明末清初，扬州已有“万花楼”等十多个花店和二十多个制花作坊。清朝末叶，在一次南洋劝业赛会上，扬州绒花得一等奖。

绒花工艺发展过程共经历三个阶段：早先的绒花，是在做成花型的纸面上绕上花绒，称为“绕绒花”；以后则发展为纸面上表好花绒，刮光后，再做成各种花型，称为“刮绒花”；清末时，又发展为“滚绒花”。滚绒花则用两根细铜丝夹住绒坏，用剪刀将绒坯剪成条状，用力搓紧，滚成圆柱形绒条，然后将大小粗细、色彩各异的绒条根据不同题材内容，组合成千姿百态的绒花、绒鸟、绒兽及人物等绒制品。现在扬州绒花又经著名艺人王以仁、王继康父子的创造，发展了烫绒、轻绒等新工艺，提高了绒花工艺的表现力。拓宽仅限于头戴花、胸花等装饰品，才使扬州绒花变得丰富多彩、琳琅满目。无论就其题目、内容、产品的造型结构、色彩风格，以及工艺技术，都有了重大的发展。并且给全国的绒花生产以很大影响和推动。最多时品种达400多个，包括人物、盆景、飞禽、走兽以及大型的屏风、挂屏，尤其别具一格的绒制盆景，借鉴扬州盆景艺术，以仙人球、仙人掌为题材，惟妙惟肖，极其逼真，四季常绿，雅俗共赏，深受欢迎。

通草花

通草花是用通草材料制作的一种人造花。通草花是一种小乔木，质地松软，颜色洁白，晶莹光泽，易于吸色，扬州通草花，亦在清代流传。当时工艺简单，品种甚少，主要是妇女的头戴花，也有用来插在人们祝寿时的蛋糕、寿桃上面象征吉兆的花，还有在姑娘出嫁时放置在妆奁上作为喜庆装饰的花。至清代末期，扬州通草花艺人与江南制花工艺相交流，在花型设计、工艺技巧上不断丰富、提高，既有菊花、兰花、牡丹、芍药，还有春梅、山茶、月季、红枫等。解放前，扬州通草花曾与绒花销至安徽、江西、四川等地，少数民族妇女也喜欢戴用，并曾少量出口销至南洋一带。但在旧社会，通草花艺人地位微贱，生活艰难，常处于“一日作花数十枝，难换升米来充饥”的凄凉状况，因而被迫失业和改行，这门民间工艺日益凋零，解放前夕一度中断。

解放后，在党和政府的关怀重视下，手工艺人重整旧业，制花工艺走向新生，先组织了生产合作社，后发展为扬州制花厂，通草花便同绒花、绢花、银丝花、纸拉花等工艺花共处一堂，在扬州艺坛上以新的姿态相互媲美，扬芳吐艳，齐放光彩。通草花艺人经过刻苦学习，钻研创造，在创作设计和生产工艺上突破了解放前“头戴花”、“装饰花”、“喜庆花”等品种的局限，发展到能制作各式各样的草本或木本的盆花。这种通草盆花创作严谨，做工精细，题材多样，种类纷繁，具有形神兼备、绰约如生的特色，其作为一种独特的欣赏艺术，甚为人们所喜爱。

通草花的的制作工艺是比较繁难的，各道工序要求准确、精巧。先从一个一个花瓣做起，花瓣要长短相适，卷曲有序，一枝大花往往需数百花瓣精心粘制而成，其工艺之严谨细致，是其他工艺花所难以比拟的。花叶要茎纹清楚、细巧，一般采用模制法，有时要几套模子并用，才能出真。通草花的染色，要求浓淡相宜，鲜艳有度，光泽既不能太暗，又不能太亮，要恰到好处。通草花的花盆很讲究，视所作花型、繁简需要，选用圆形、椭圆、长方等花盆，有的要用陶制或紫砂花盆，以增添真实感和名贵感。

名花开发

一座城市与一种花卉之间的关联是什么,怎么使二者之间产生不可割断的纽带, 又怎么让城市与名花产生一种效应:花为城市添色,城市为花的基地,城市与花相辅相成、相得益彰,继而名花成为一种文化、一种符号、一种产业,成为这座城市共同的语言、共同的符号、共同的象征?扬州这座具有二千五百年左右历史的文化名城,该怎样走在开发名花文化资源的前列,如何让悠久、丰厚的扬州花文化资源成为这座城市发展的推力与源泉呢?如何让那些丰富、灿烂的古代花文化成为建设城市现代文明的动力和资源呢?如何让那些扎根于此、千年不断的花卉继续成为人们向往扬州的魅力所在呢?所有的这些都需要我们继续在古代文化资料库里寻觅、探求,继续从中研究对我们现代城市建设的启示,继续探索如何再现扬州花文化曾有的辉煌,将扬州花文化发展的脉络在今天继续得到延伸,所有对这些问题的思考都归之于一个总的问题,就是如何能使花卉文化在现代条件下得到充分的开发、利用、挖掘、保护,在有可能的条件下使扬州的花卉产业重新得到勃发、复兴、振作,成为中国数千座城市中的佼佼者、带头兵，我以为要做达到这一目标，必须做到以下的四点方有可能。

名花成业

“十里栽花算种田”，本是郑板桥对扬州种花兴旺的一种刻薄讽刺，但十里种花这样的规模究竟成为多少人的生活支柱，带动多大的经济规模，支撑着城市多大的活力，在古代文人眼里大概是不屑一顾的。但历史上的“洛阳牡丹、扬州芍药”不会只是因为一两棵芍药、一两株奇异的花卉而闻名的，《扬州览胜录》载：“堡城在北门外……居民数十户人家，世世种花为业，春则以盆梅、月季为大宗，夏则产栀子，秋则以菊花为最盛。”这种“世世种花为业”的人家是扬州古代花卉产业兴旺的基础和保证。明清一代的傍花村，是扬州菊花的盛地，或为人们寻找佳菊的好去处；筱园的芍药更是人们诗兴大发的地方。这种产业化、链条型、规模型的花卉产业是扬州古代花卉文化繁荣、发达的基础和条件。

扬州现在要进行花卉开发必须要有一种产业化的思路，要在城市周边的卫星城镇中找一个或多个的城镇作为城市发展花卉的基地，成为扬州甚至周边城市的供应源。

实际上，扬州的地理位置、气候条件都能够达到这样的要求，嘉庆十年(1805)的进士黄承吉曾专门作过《比年扬州秋日每放春花，亦地气偶然，未足为异。今兹九月，小园一杏盛开，同人携酒过赏，诗以酬之》的一首诗，其中两句是“顿令花气潜交通，交入扬州明月丛。梅桃李杏间一钟，往往春卉摇秋风”。这样好的地理气候条件应该成为花卉发展得天独厚的条件。要让花卉成为产业，一是市场引导，培养较好花卉的消费市场，注意研究花卉消费的导向；二是政府扶持，花卉业是惟一既环保又卫生、既美观又实用的产业，作为有着以生态模范城市为发展目标的城市应该对其有一定的支持和引导；三是广泛宣传，花卉业的发展还需要有一个好的文化环境，在这个环境下人们充分了解到花的喻意、花的象征、花的价值，这需要持久不断的宣传；四是不断的挖掘，人们对花卉的认识永远在不断升华和提高，对花卉文化的挖掘、整理无止境，如过去的金带围象征高升入仕，今天的金带围会成为什么的象征，过去的花卉能够作为食用、药用，今天又如何将它不断地发扬光大，这永远是一个过程，永远没有尽头；五是不断引进科技，创新对于花卉产业是至关重要的，昙花一现对于赏花人来说是一种意境，但对城市旅游推动力不会很大，只有琼花的花期更长、芍药的品种更多、牡丹的花色更多、菊花的香味更浓等，才会让更多的人来扬州赏花观卉，但如果没有现代科技的引进，我们能否做到这些，还是一个未知数。

名花构景

怡人的景色、旖旎的风光、精致的园林、城市的绿肺……无一离得开花卉的点缀、装饰和种植，没有各种名花元素的渗入而要达到城市的美化、绿化、香化是很难的，没有花卉的园林要让人赏心悦目、修身养性也是很难的。扬州历史上曾有万松岭、芍园、傍花村……以花木为特色的景区——瘦西湖更是“两岸花柳全依水，一路楼台直到山”，如果缺少了花、柳，那么这个景区的品味就要低了许多。

名花开发，一定要以景区的建设为支撑点，使各个花卉在不同的景区成为主角，比如洛阳的王城公园便是以各色牡丹为主品种的公园。扬州历史上名花甚多，筱园花瑞、锦泉花屿等都是以种植芍药为主；而各个私家花园中都有别具特色的花种，如郑家影园的牡丹。这样在古城保护与整治中，包括对私家园林的整治，尤其要注意名花资源的利用，使名花成为园林的一种象征、一种符号，成为景区的一种重要号召力，让不同花期、不同特色的花卉成为不同园林的品牌和魅力，“花开时节动京城”，花为景、花为旅游资源，成为城市的一种魅力、一种向心力。洛阳的国花园达1548亩，栽植牡丹700余个品种、30万株，每年牡丹花会接待游客几十万人，这些都是非常有益的启示。

要让花卉成景，应更加注重景点建设的花卉选择及与周围景点的衔接，各个历史景点要注意文化内涵的挖掘，从厚重的历史积淀中找到与该景点有关的花木诗文资料，有目的的引进种植，而不应任意栽种，同时更应注意名花历史文化内涵的延伸，能让花木与周围的历史建筑相得益彰，充分体现出古代诗文中的意境和氛围，让人真正领略古人设计的精妙，从而使景区的品味得到更高层次的提升、文化内涵得到更多的注入。

要让花木成景更应注意对古树名花的极为严格、极为细致、极为科学的保护。那些历尽沧桑、劫后余生的古树常常是景点悠久历史的印证，那些参天的古树、缠绕的古藤、百年的名花既是历史的痕迹，更是景点的精华。古人对双桧的吟咏既表达了他们的思考，更是对古树的感叹，“花为四壁树为庵”（清梁章钜诗），花与树本身便是景物、景致。应该说现在对古树名花的法律保护体系已较为健全，关键是落实、完善、执行，避免伤及古树名花的任何行为，同时还要采取科学保护的方法，引进新技术，激发古树的生命力；及时掌握古树名花生长环境的变化，适时研究这种变化带来的影响，把这种影响的危害降低到最小程度；另外对景点以外的古树名花要设置保护围栏，建立档案，时时跟踪，确保这些古树名花受到与文物一样的待遇、一样的照顾。

名花为市

花卉业的发展需要市场的力量，也只有市场持续不断的需要，才能成为花卉业持续发展的动力。扬州历史上的花市，便是古代花卉业繁荣的保证和基础，“十里栽花算种田”，种花不可能仅仅为了驻足欣赏，为了怡情养性，更重要的是为了满足人们的消费需求，为了让种花人有一定收入以保证生存的需要。居风沼的《卖花声》中便有“一竿清日一番新，卖杏声声到耳频”的描写，卖花就有买花，正是因为扬州历史上有这样一个成熟、稳定的消费市场，扬州花卉才俨然成业，不断发展。

扬州今天要培育出一个成熟的花卉消费市场，一是取决于人们的消费需要，据统计，2006 年春节期间，扬州消费鲜花达 500 万朵，这才是重要的市场，这才是花卉业发展的内在动力；二是积极宣传花卉文化，对花的历史、花的作用、花的保养等做更大层面上的普及和宣传，为更多的人知晓，让更多的人接受，使花卉成为人们生活的必需品之一；三是积极发展乡土花种，如果扬州花卉消费的都只是外来品种，那么这个市场更多的是对外地花卉种植业的支持，因而扬州要积极培育乡土品种，让历史名花绽放出本土的芬芳，应该说像琼花、芍药、梅、桂等都可以算是本土品种，怎么将它们引入市场仍需要我们深入研究。

花木成市需要我们的培植和支持，这种培植包括资金的渗入、政策的扶持、人才的引进，在条件成熟时可以建立起一个中小型花卉市场，使零散各处的花店相对集中，为消费者提供一个更大的选择空间，同时利用扬州各方面的优势和条件，使扬州成为苏中乃至整个苏北地区的花卉批销中心，扬州应抓住这一机遇，率先行动，争取使这一想法早日成为现实。

名花为市还应注意科技的引入。几年前我们曾专门召开过琼花与城市建设的研讨会，当时与会者曾对琼花寄予了厚望，希望在有关部门的支持下，尽早研究出一种花期更长、色彩更为丰富、香味更浓的琼花，这项研究已被列入有关部门的规划之中，相信在不久的将来这项研究成果定能问世，这对增加扬州花卉市场中的花卉经济附加值有着极为重要的作用。

名花成旅

清代顺治十三年(1656)进士陆求可曾在《维扬怀古》中写了这样两句，“一朵琼花，两行绿柳，引得君王向南走”，讲的是扬州琼花与绿柳的魅力，古代扬州成为人们向往之地，有不少人一定是冲着神奇的琼花、艳丽的芍药、垂垂的杨柳而来的。这座掩隐在花丛中的城市处处是景，处处有花，处处有诗，怎不让人心旷神怡！2004 年扬州获得“中国人居环境奖”与高密度的绿化应该也有很大的关系。那么怎样才能使扬州名花成为旅游产品，成为城市的形象品牌呢?

一是充实景区的花卉种植，尤其要以市花琼花和芍药为中心。在条件许可的情况下，可建设琼花公园、芍药公园，让名花成为可看、可触的旅游产品。同时在园内设置解读牌，生动、详细地介绍名花的历史和文化，使名花成为到扬州旅游必看的一道风景。

二是形象地宣传名花故事传说和轶闻以增加浏览内容。在各种以名花为主题的公园内，可以通过雕塑、园林小品、图片展示、绘画说明等形式介绍名花的历史、传说，让名花更加吸引人、更加打动人。

三是着手筹建花文化博物馆。扬州要建成博物馆之都，除建设盆景博物馆之外，还应考虑建立一座花文化博物馆。馆内可陈设扬州花卉栽培的历史、花木研究的资料、与花文化相关的人和事、花木栽培和利用的现状、花木栽培的规划和未来等部分。也可以将博物馆建成一个以花种为主的敞开式、专题介绍的博物馆，如其中分琼花馆、芍药馆、桂花馆、菊花馆、牡丹馆等，将科普、欣赏、浏览结合起来，使精心规划、精心设计、精心建设的扬州名花文化博物馆成扬州重要的风景线。

四是不断挖掘充实现有古树名花的资料，使其成为扬州旅游的又一资源。扬州许多名树名花散布大街小巷，虽然它们有完整的记录档案，但对其开发利用显然不够，如康山园的紫藤、五台山的银杏等都没有引起人们的重视，更没有成为人们观赏的内容，许多古树虽挂有标牌，但极其简单。我们可以在一些古树名花周围建一些亭子，供人观赏时休憩；也可以在古树名花旁建一些诗廊，将一些吟咏这些花树的古代诗词刻录于此，供人观赏，以增加对古代花文化的了解，体验诗文的意境。

五是将名花文化与城市建设有机地结合起来。在城市道路建设、园林绿化、小区美化时要广植扬州名花，使那些家喻户晓，人人皆知的海内名花通过城市建设处处有栽、处处能见，一路一花、一路一树，逐步形成名花区域，并以名花命名道路、小区，形成花的文化氛围。使这座城市成为花园，真正做到城在园中、园在城中，这样每个生活小区成为普及花文化的场所，人们一进入我们这座城市便能感受强烈的花文化气息。

名花开发是一个重要课题，它不只是政府的责任，更需要公众的参与，才能将这篇文章做下、做好、做足，才能使我们这座著名的花城更加名符其实，才能使悠久的古代花文化在现代文明的映照下更加绚丽、更加灿烂、更加动人。

附　录

扬州市区现存古树名木一览表

编号	树名	地址	保护级别	生长状况
1	银杏	石塔寺	1	旺盛
2	国槐	驼岭巷 10 号	1	一般
3	银杏	江苏省武警医院	1	一般
4	紫藤	市政府二招(紫藤园)	1	旺盛
5	银杏	驼岭巷 18 号(八怪纪念馆)	1	旺盛
6	银杏	仙鹤寺	1	一般
7	银杏	普哈丁墓园	1	旺盛
8	银杏	旌忠巷 33-19 号	1	旺盛
9	银杏	五台山医院	1	旺盛
10	银杏	五台山医院	1	旺盛
11	银杏	治淮新村	1	旺盛
12	银杏	国庆路与文昌中路交叉口	1	旺盛
13	银杏	市政协大院内	1	旺盛
14	银杏	汶河小学	1	旺盛
15	银杏	汶河小学	1	一般
16	银杏	新河湾(原龙衣庵)	1	一般
17	银杏	普哈丁墓园	1	旺盛
18	圆柏	大明寺(牌坊前中间)	1	较差
19	圆柏	大明寺(大门前西)	1	旺盛
20	圆柏	大明寺(大门前东)	1	旺盛
21	银杏	西门街小学	1	旺盛
22	银杏	市政协院内	1	较差
23	银杏	育才幼儿园(西)	1	一般
24	银杏	育才幼儿园(东)	1	一般
25	银杏	原市轻工业局内	1	一般
26	银杏	灯草巷 20 号	1	一般
27	银杏	琼花观内	1	较差
28	银杏	琼花观内	1	旺盛

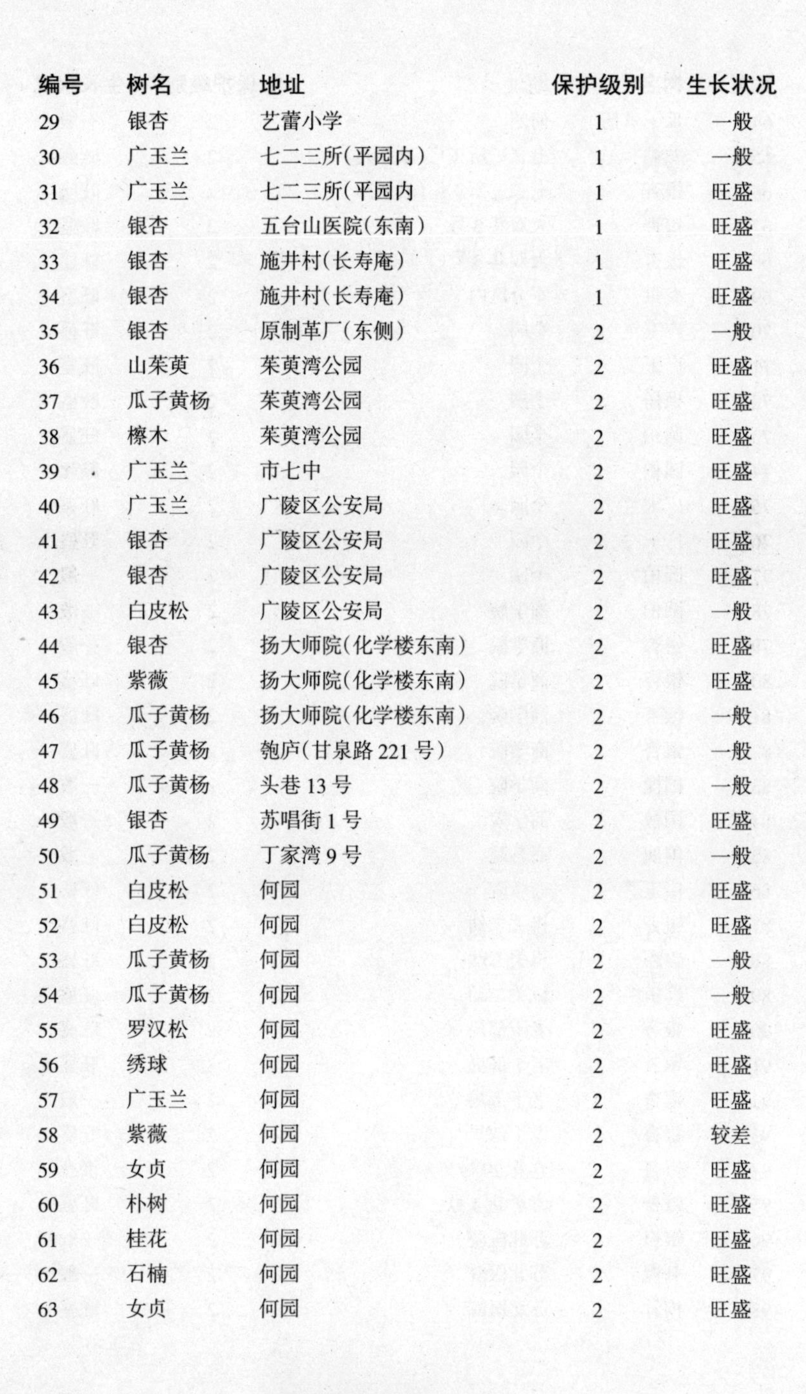

编号	树名	地址	保护级别	生长状况
29	银杏	艺蕾小学	1	一般
30	广玉兰	七二三所(平园内)	1	一般
31	广玉兰	七二三所(平园内	1	旺盛
32	银杏	五台山医院(东南)	1	旺盛
33	银杏	施井村(长寿庵)	1	旺盛
34	银杏	施井村(长寿庵)	1	旺盛
35	银杏	原制革厂(东侧)	2	一般
36	山茱萸	茱萸湾公园	2	旺盛
37	瓜子黄杨	茱萸湾公园	2	旺盛
38	檫木	茱萸湾公园	2	旺盛
39	广玉兰	市七中	2	旺盛
40	广玉兰	广陵区公安局	2	旺盛
41	银杏	广陵区公安局	2	旺盛
42	银杏	广陵区公安局	2	旺盛
43	白皮松	广陵区公安局	2	一般
44	银杏	扬大师院(化学楼东南)	2	旺盛
45	紫薇	扬大师院(化学楼东南)	2	旺盛
46	瓜子黄杨	扬大师院(化学楼东南)	2	一般
47	瓜子黄杨	匏庐(甘泉路 221 号)	2	一般
48	瓜子黄杨	头巷 13 号	2	一般
49	银杏	苏唱街 1 号	2	旺盛
50	瓜子黄杨	丁家湾 9 号	2	一般
51	白皮松	何园	2	旺盛
52	白皮松	何园	2	旺盛
53	瓜子黄杨	何园	2	一般
54	瓜子黄杨	何园	2	一般
55	罗汉松	何园	2	旺盛
56	绣球	何园	2	旺盛
57	广玉兰	何园	2	旺盛
58	紫薇	何园	2	较差
59	女贞	何园	2	旺盛
60	朴树	何园	2	旺盛
61	桂花	何园	2	旺盛
62	石楠	何园	2	旺盛
63	女贞	何园	2	旺盛

编号	树名	地址	保护级别	生长状况
64	瓜子黄杨	何园	2	一般
65	龙柏	七二三所工厂(泰州路)	2	旺盛
66	银杏	七二三所工厂(泰州路)	2	旺盛
67	银杏	大双巷 3 号	2	旺盛
68	银杏	大双巷 3 号	2	旺盛
69	女贞	军分区内	2	旺盛
70	广玉兰	个园	2	旺盛
71	广玉兰	个园	2	旺盛
72	枫杨	个园	2	旺盛
73	圆柏	个园	2	旺盛
74	圆柏	个园	2	频死
75	广玉兰	个园	2	旺盛
76	广玉兰	个园	2	旺盛
77	圆柏	个园	2	一般
78	圆柏	商学院	2	一般
79	银杏	商学院	2	一般
80	银杏	商学院	2	旺盛
81	银杏	商学院	2	旺盛
82	银杏	商学院	2	旺盛
83	国槐	商学院	2	一般
84	国槐	商学院	2	一般
85	国槐	商学院	2	一般
86	广玉兰	商学院	2	旺盛
87	银杏	机关二幼	2	旺盛
88	银杏	机关二幼	2	旺盛
89	广玉兰	机关二幼	2	旺盛
90	银杏	老干部局	2	旺盛
91	银杏	老干部局	2	旺盛
92	银杏	老干部局	2	一般
93	银杏	老干部局	2	旺盛
94	银杏	仓巷 29 号	2	濒死
95	银杏	堂子巷 4 号	2	旺盛
96	银杏	苏北医院	2	一般
97	刺槐	苏北医院	2	一般
98	枸骨	苏北医院	2	旺盛

编号	树名	地址	保护级别	生长状况
99	五针松	农学院	2	旺盛
100	毛白杨	农学院	2	旺盛
101	香樟	农学院	2	旺盛
102	丝绵木	农学院	2	旺盛
103	银杏	人武部	2	一般
104	银杏	人武部	2	一般
105	广玉兰	文化宫	2	一般
106	瓜子黄杨	文化宫	2	旺盛
107	香橼	仁丰里 82–1 号	2	旺盛
108	银杏	旌忠寺	2	一般
109	瓜子黄杨	市一招	2	旺盛
110	瓜子黄杨	市一招	2	旺盛
111	瓜子黄杨	市一招	2	旺盛
112	瓜子黄杨	市一招	2	旺盛
113	瓜子黄杨	市一招	2	旺盛
114	瓜子黄杨	市一招	2	旺盛
115	银杏	农学院	2	旺盛
116	罗汉松	市一招	2	旺盛
117	紫薇	市一招	2	濒死
118	瓜子黄杨	珍园	2	一般
119	紫薇	珍园	2	濒死
120	紫薇	珍园	2	旺盛
121	瓜子黄杨	彩衣街 49 号	2	旺盛
122	广玉兰	永胜街 42–1 号	2	旺盛
123	银杏	市五中	2	旺盛
124	银杏	广陵区公安局	2	一般
125	银杏	湾子街 224 号	2	一般
126	银杏	东关小学	2	一般
127	银杏	东关小学	2	一般
128	女贞	琼花幼儿园	2	旺盛
129	银杏	马家巷 34 号	2	较差
130	银杏	马家巷 34 号	2	较差
131	银杏	三祝庵	2	旺盛
132	广玉兰	东关街 320 号	2	旺盛
133	银杏	艺蕾小学	2	濒死

编号	树名	地址	保护级别	生长状况
134	银杏	艺蕾小学	2	濒死
135	瓜子黄杨	便衣门内街63号	2	旺盛
136	广玉兰	制花厂	2	旺盛
137	广玉兰	制花厂	2	旺盛
138	臭春	制花厂	2	旺盛
139	女贞	汪氏小苑	2	一般
140	牡丹	谢馥春化工厂	2	一般
141	牡丹	谢馥春化工厂	2	一般
142	牡丹	谢馥春化工厂	2	一般
143	银杏	天宁寺	2	旺盛
144	银杏	天宁寺	2	旺盛
145	银杏	天宁寺	2	旺盛
146	银杏	天宁寺	2	旺盛
147	桂花	史公祠	2	一般
148	蜡梅	史公祠	2	旺盛
149	银杏	史公祠	2	旺盛
150	银杏	史公祠	2	旺盛
151	银杏	妇幼保健院	2	旺盛
152	圆柏	瘦西湖公园	2	旺盛
153	圆柏	瘦西湖公园	2	旺盛
154	圆柏	瘦西湖公园	2	旺盛
155	圆柏	瘦西湖公园	2	旺盛
156	圆柏	瘦西湖公园	2	旺盛
157	日本柳杉	瘦西湖公园	2	旺盛
158	日本柳杉	瘦西湖公园	2	旺盛
159	圆柏	瘦西湖公园	2	旺盛
160	圆柏	瘦西湖公园	2	旺盛
161	圆柏	瘦西湖公园	2	旺盛
162	圆柏	瘦西湖公园	2	旺盛
163	紫薇	瘦西湖公园	2	一般
164	紫薇	瘦西湖公园	2	一般
165	短叶柳杉	瘦西湖公园	2	旺盛
166	短叶柳杉	瘦西湖公园	2	旺盛
167	银杏	瘦西湖公园	2	旺盛
168	银杏	瘦西湖公园	2	旺盛

编号	树名	地址	保护级别	生长状况
169	银杏	瘦西湖公园	2	旺盛
170	银杏	瘦西湖公园	2	旺盛
171	银杏	瘦西湖公园	2	旺盛
172	银杏	瘦西湖公园	2	旺盛
173	银杏	瘦西湖公园	2	旺盛
174	银杏	瘦西湖公园	2	旺盛
175	银杏	瘦西湖公园	2	旺盛
176	银杏	瘦西湖公园	2	旺盛
177	银杏	瘦西湖公园	2	旺盛
178	侧柏	瘦西湖公园	2	旺盛
179	乌柏	瘦西湖公园	2	旺盛
180	重阳木	瘦西湖公园	2	旺盛
181	榉树	瘦西湖公园	2	旺盛
182	榉树	瘦西湖公园	2	旺盛
183	圆柏	瘦西湖公园	2	旺盛
184	圆柏	瘦西湖公园	2	旺盛
185	圆柏	瘦西湖公园	2	旺盛
186	圆柏	瘦西湖公园	2	旺盛
187	香椿	瘦西湖公园	2	旺盛
188	圆柏	瘦西湖公园	2	旺盛
189	圆柏	瘦西湖公园	2	旺盛
190	圆柏	瘦西湖公园	2	旺盛
191	圆柏	瘦西湖公园	2	一般
192	薄壳山核桃	瘦西湖公园	2	旺盛
193	薄壳山核桃	瘦西湖公园	2	旺盛
194	薄壳山核桃	瘦西湖公园	2	旺盛
195	薄壳山核桃	瘦西湖公园	2	旺盛
196	薄壳山核桃	瘦西湖公园	2	旺盛
197	薄壳山核桃	瘦西湖公园	2	旺盛
198	薄壳山核桃	瘦西湖公园	2	旺盛
199	薄壳山核桃	瘦西湖公园	2	旺盛
200	薄壳山核桃	瘦西湖公园	2	旺盛
201	薄壳山核桃	瘦西湖公园	2	旺盛
202	薄壳山核桃	瘦西湖公园	2	一般
203	薄壳山核桃	瘦西湖公园	2	一般

编号	树名	地址	保护级别	生长状况
204	薄壳山核桃	瘦西湖公园	2	一般
205	薄壳山核桃	瘦西湖公园	2	一般
206	薄壳山核桃	瘦西湖公园	2	一般
207	薄壳山核桃	瘦西湖公园	2	一般
208	薄壳山核桃	瘦西湖公园	2	一般
209	无患子	瘦西湖公园	2	旺盛
210	紫藤	瘦西湖公园	2	旺盛
211	圆柏	瘦西湖公园	2	旺盛
212	五角枫	瘦西湖公园	2	旺盛
213	五角枫	瘦西湖公园	2	旺盛
214	五角枫	瘦西湖公园	2	旺盛
215	黄檀	瘦西湖公园	2	旺盛
216	瓜子黄杨	瘦西湖公园	2	一般
217	瓜子黄杨	瘦西湖公园	2	一般
218	瓜子黄杨	瘦西湖公园	2	旺盛
219	紫薇	瘦西湖公园	2	旺盛
220	紫薇	瘦西湖公园	2	旺盛
221	瓜子黄杨	瘦西湖公园	2	旺盛
222	银杏	瘦西湖公园	2	旺盛
223	银杏	瘦西湖公园	2	旺盛
224	圆柏	瘦西湖公园	2	旺盛
225	圆柏	瘦西湖公园	2	旺盛
226	圆柏	瘦西湖公园	2	较差
227	圆柏	瘦西湖公园	2	旺盛
228	圆柏	瘦西湖公园	2	一般
229	圆柏	瘦西湖公园	2	旺盛
230	桂花	瘦西湖公园	2	旺盛
231	桂花	瘦西湖公园	2	旺盛
232	桂花	瘦西湖公园	2	旺盛
233	桂花	瘦西湖公园	2	旺盛
234	桂花	瘦西湖公园	2	旺盛
235	桂花	瘦西湖公园	2	旺盛
236	桂花	瘦西湖公园	2	旺盛
237	桂花	瘦西湖公园	2	旺盛
238	桂花	瘦西湖公园	2	旺盛

附录

编号	树名	地址	保护级别	生长状况
239	桂花	瘦西湖公园	2	旺盛
240	桂花	瘦西湖公园	2	旺盛
241	桂花	瘦西湖公园	2	旺盛
242	桂花	瘦西湖公园	2	旺盛
243	圆柏	瘦西湖公园	2	一般
244	圆柏	瘦西湖公园	2	一般
245	银杏	瘦西湖公园	2	旺盛
246	银杏	瘦西湖公园	2	旺盛
247	圆柏	瘦西湖公园	2	旺盛
248	圆柏	瘦西湖公园	2	旺盛
249	白皮松	瘦西湖公园	2	旺盛
250	银杏	瘦西湖公园	2	旺盛
251	桑树	瘦西湖公园	2	旺盛
252	桑树	瘦西湖公园	2	旺盛
253	广玉兰	瘦西湖公园	2	旺盛
254	银杏	瘦西湖公园	2	旺盛
255	银杏	瘦西湖公园	2	旺盛
256	圆柏	瘦西湖公园	2	一般
257	圆柏	瘦西湖公园	2	一般
258	桑树	瘦西湖公园	2	旺盛
259	桑树	瘦西湖公园	2	旺盛
260	桑树	瘦西湖公园	2	旺盛
261	银杏	瘦西湖公园	2	旺盛
262	瓜子黄杨	杭集三笑集团	2	一般
263	银杏	西门街小学	2	一般
264	银杏	工艺美术大楼	2	一般
265	银杏	工艺美术大楼	2	旺盛
266	银杏	古木兰院内	2	一般
267	银杏	古木兰院内	2	旺盛
268	瓜子黄杨	憩园饭店	2	一般
269	瓜子黄杨	憩园饭店	2	一般
270	广玉兰	憩园饭店	2	旺盛
271	广玉兰	憩园饭店	2	旺盛
272	雪松	憩园饭店	2	旺盛
273	银杏	汶河小学	2	旺盛

编号	树名	地址	保护级别	生长状况
274	银杏	汶河小学	2	旺盛
275	银杏	江陵花园	2	一般
276	法桐	扬州中学	2	旺盛
277	瓜子黄杨	市政协	2	一般
278	银杏	广陵区政府	2	旺盛
279	圆柏	大明寺	2	较差
280	圆柏	大明寺	2	旺盛
281	圆柏	大明寺	2	旺盛
282	圆柏	大明寺	2	旺盛
283	圆柏	大明寺	2	旺盛
284	圆柏	大明寺	2	旺盛
285	圆柏	大明寺	2	旺盛
286	圆柏	大明寺	2	旺盛
287	圆柏	大明寺	2	旺盛
288	圆柏	大明寺	2	旺盛
289	圆柏	大明寺	2	旺盛
290	圆柏	大明寺	2	旺盛
291	野核桃	盆景园	2	旺盛
292	瓜子黄杨	盆景园	2	旺盛
293	瓜子黄杨	盆景园	2	一般
294	圆柏	盆景园	2	旺盛
295	圆柏	盆景园	2	旺盛
296	圆柏	盆景园	2	旺盛
297	圆柏	盆景园	2	旺盛
298	圆柏	盆景园	2	一般
299	乌桕	盆景园	2	旺盛
300	国槐	扬大师院	2	旺盛
301	国槐	扬大师院	2	旺盛
302	国槐	扬大师院	2	旺盛
303	罗汉松	扬大师院	2	旺盛
304	圆柏	扬大师院	2	旺盛
305	圆柏	瘦西湖公园	2	旺盛
306	侧柏	瘦西湖公园	2	旺盛
307	广玉兰	瘦西湖公园	2	旺盛
308	广玉兰	瘦西湖公园	2	旺盛

编号	树名	地址	保护级别	生长状况
309	瓜子黄杨	瘦西湖公园	2	旺盛
310	北美鹅掌楸	瘦西湖公园	2	旺盛
311	五针松	瘦西湖公园	2	旺盛
312	香樟	瘦西湖公园	2	旺盛
313	圆柏	瘦西湖公园	2	一般
314	圆柏	瘦西湖公园	2	旺盛
315	五角枫	瘦西湖公园	2	旺盛
316	日本冷杉	瘦西湖公园	2	旺盛
317	广玉兰	瘦西湖公园	2	旺盛
318	龙柏	瘦西湖公园	2	旺盛
319	龙柏	瘦西湖公园	2	旺盛
320	龙柏	瘦西湖公园	2	旺盛
321	龙柏	瘦西湖公园	2	旺盛
322	龙柏	瘦西湖公园	2	旺盛
323	龙柏	瘦西湖公园	2	旺盛
324	龙柏	瘦西湖公园	2	旺盛
325	侧柏	瘦西湖公园	2	旺盛
326	圆头柳杉	瘦西湖公园	2	旺盛
327	圆头柳杉	瘦西湖公园	2	旺盛
328	枸骨	育才小学	2	旺盛
329	枸杞	红园	2	旺盛
330	绣球	西园饭店	2	一般
331	广玉兰	问井巷23号	2	旺盛
332	紫薇	西园饭店	2	一般
333	紫薇	西园饭店	2	一般
334	瓜子黄杨	西园饭店	2	旺盛
335	琼花	西园饭店	2	旺盛
336	瓜子黄杨	西园饭店	2	旺盛
337	水杉	西园饭店	2	旺盛
338	圆柏	七二三所工厂(泰州路)	2	一般
339	瓜子黄杨	观音山	2	一般
340	圆柏	观音山	2	较差
341	圆柏	大明寺	2	一般
342	圆柏	大明寺	2	一般
343	圆柏	大明寺	2	一般

编号	树名	地址	保护级别	生长状况
344	圆柏	大明寺	2	一般
345	圆柏	大明寺	2	一般
346	圆柏	大明寺	2	一般
347	圆柏	大明寺	2	一般
348	圆柏	大明寺	2	一般
349	圆柏	大明寺	2	旺盛
350	榉树	大明寺	2	旺盛
351	三角槭	大明寺	2	旺盛
352	黄连木	大明寺	2	较差
353	黄连木	大明寺	2	旺盛
354	朴树	大明寺	2	旺盛
355	黄连木	大明寺	2	濒死
356	红豆树	大明寺	2	旺盛
357	皂角	大明寺	2	旺盛
358	桂花	大明寺	2	较差
359	桂花	大明寺	2	较差
360	桂花	大明寺	2	较差
361	圆柏	大明寺	2	一般
362	银杏	大明寺	2	旺盛
363	瓜子黄杨	大明寺	2	一般
364	东京樱花	大明寺	2	旺盛
365	东京樱花	大明寺	2	旺盛
366	麻栎	大明寺	2	旺盛
367	喜树	大明寺	2	旺盛
368	圆柏	大明寺	2	旺盛
369	圆柏	大明寺	2	旺盛
370	瓜子黄杨	大明寺	2	一般
371	圆柏	大明寺	2	一般
372	圆柏	大明寺	2	一般
373	圆柏	大明寺	2	一般
374	圆柏	大明寺	2	一般
375	圆柏	大明寺	2	一般
376	圆柏	大明寺	2	一般
377	圆柏	大明寺	2	一般
378	银杏	大明寺	2	旺盛

编号	树名	地址	保护级别	生长状况
379	银杏	大明寺	2	旺盛
380	圆柏	大明寺	2	旺盛
381	圆柏	大明寺	2	一般
382	圆柏	大明寺	2	旺盛
383	龙柏	大明寺	2	旺盛
384	圆柏	大明寺	2	旺盛
385	圆柏	大明寺	2	旺盛
386	瓜子黄杨	文化宫	2	一般
387	侧柏	瘦西湖公园	2	一般
388	银杏	新河湾(原龙衣庵)	1	旺盛
389	银杏	瘦西湖公园	2	旺盛
390	瓜子黄杨	木香巷 27 号	2	旺盛
391	柿树	通市街	2	旺盛
392	杜促	省家禽研究所	2	旺盛
393	枸杞	汪氏小苑	2	一般
394	银杏	长春路瘦西湖北大门外	2	旺盛

参考书目

《扬州画舫录》(清)李斗著　中华书局 1960 年版
《芜城怀旧录》董玉书著　江苏古籍出版社 2002 年版
《扬州风土记略》徐谦芳著　江苏古籍出版社 2002 年版
《平山揽胜志》(清)汪应庚著　广陵书社 2004 年版
《平山堂图志》(清)赵之壁著　广陵书社 2004 年版
《扬州览胜录》王振世著　江苏古籍出版社 2002 年版
《广陵区志》广陵区志编纂委员会编　中华书局 1993 年版
《扬州市郊区志》扬州市郊区人民政府编　方志出版社 1996 年版
《扬州历代诗词》李坦主编　人民文学出版社 1998 年版
《扬州园林品赏录》朱江著　上海文化出版社 19902 年版
《唐代扬州史考》李廷先著　江苏古籍出版社 1992 年版
《扬州宗教》(江苏文史资料 115 辑) 《江苏文史资料》编辑部出版发行
《扬州文史资料》 第 198 辑
《扬州宗教名胜文化》陈云观主编　广陵书社 2003 年版
《扬州文化丛书》高敏 赵昌智主编　苏州大学出版社 2001 年版
《东方明珠——唐代扬州》诸祖煜著　贵州人民出版社 2001 年版
《扬州画舫新录》杜海主编　南京大学出版社 2002 年版
《扬州散记》王鸿著　江苏古籍出版社 2000 年版
《老扬州》王鸿著文　江苏美术出版社 2001 年版
《名城扬州记略》李家寅编著 《江苏文史资料》第 115 辑附录
《历代名人与扬州》王瑜主编　黄山书社 1993 年版
《扬州大观》朱正海主编　黄山书社 2002 年版
《扬州琼花》钱传仓编著　香港天马图书有限公司 2000 年版
《琼花栽培》周武忠编著　中国林业出版社 1989 年版

《扬州民俗》钱传仓著　方志出版社 2003 年版
《古代咏花诗词鉴赏辞典》李文禄 刘维治主编
　　吉林大学出版社 1990 年版
《中国花文化辞典》闻铭 周武忠 高永青主编　黄山书社 2000 年版
《芍药》韦金笙编著　中国林业出版社 1983 年版
《菊花》姚毓璆编著　中国建筑工业出版社 1984 年版
《荷花》王其超 张行言编著　中国建筑工业出版社 1985 年版
《佛教中的莲花》 中国社会科学出版社 2003 年版
《佛教的植物》 中国社会科学出版社 2003 年版
《中国荷文化》李志炎 林正秋主编　浙江人民出版社 1995 年版
《古人咏百花》高兴选注　黄山书社 1985 年版
《中华名物考》(日本)青木正儿著　中华书局 2005 年版
《花与中国文化》周武忠 陈筱燕著　中国农业出版社 1999 年版
《花与中国文化》何小颜著　人民出版社 1999 年版
《林语堂散文经典全编》 九洲图书出版社 1997 年版
《中国历史文化名城词典》国家文物局等主编
　　上海辞书出版社 1985 年版
《扬州旅游文化》赵苇航 徐惟清 孙建成 谢连生编著
　　黄山书社 2003 年版
《扬州八怪传记丛书 》赵昌智 郭志坤 丁家桐 李万才主编
　　上海人民出版社 2001 年版
《禅月诗魂——中国诗僧纵横谈》覃召文著
　　生活·读书·新知三联书店 1994 年版
《画境文心——中国古典园林之美》刘天华著
　　生活·读书·新知三联书店 1994 年版
《二十四桥明月夜——扬州》韦明铧著　上海古籍出版社 2000 年版
《绿杨梦访》韦明铧编　百花文艺出版社 2001 年版
《江苏省城市古树名木汇编》 江苏省建设厅 2004 年版
《扬州文史资料》 扬州市政协文史资料委员会编
《扬州史志》 扬州地方志办公室编

后 记

2000年,《扬州历史文化丛书》推出了一本钱传仓先生编著的《扬州琼花》一书,当时我因作为该书的责任编委进行了审读、校改,第一次较为全面、深入地接触了有关琼花的历史资料。此前,我与闻铭、周武忠两位先生共同主编的《中国花文化辞典》也出版了。应该说这两本是我最早系统接触花文化、研究花文化的书。而后一直对花文化研究给予了一定的关注,并保持着较高的兴趣。

2005年,《扬州历史文化丛书》在推出名人、名园、名寺、名宅、名巷、名水系列后,该丛书的主编朱正海同志便着手研究考虑以“名”为核心继续挖掘扬州的文化内涵,使其基本上都能涵盖历史文化名城扬州的各个物质文化层面。经过多次征求各方意见,并同出版社同志商量,又在2006年推出了名山、名店、名书、名图、名花、名桥六本,一方面为了落实朱主编的要求,同时加快丛书的写作进度,便于从中掌握工作的节奏;另一方面也考虑到个人曾经接触过这方面的内容,并作过一定的研究,于是我便主动承担了本书的写作任务。

这几年,由于组织的安排,工作岗位有了一定的变化,相对于过去连续读书、查找资料的时间较少,容易中断,写作时间也没有先前那样充裕,每当办公之余,在小山似的书堆里翻检出相关资料,再续出上次的思路时,虽然重新感受了过去学生时的那种自得、自乐、自足,但同时也确实感到一种疲惫、一丝倦意。这种感觉贯穿全书写作和校核的全过程。

在写这本书时，由于《扬州琼花》已列入该丛书，所以对扬州琼花没有展开更多的论述，这是需要说明的。这几年《扬州地方文献丛刊》、《扬州历代诗词》等多种文献的出版，为我们研究扬州花文化提供了许多直接资料，再加上前几年的累积，以及在考虑和写作另一本花文化书时所作的笔记，自认为这本书还是有不少价值的。当然这些都应该是由读者来判断的。本书所列参考书目中的内容对本书写作有着至关重要的影响，这是我要表示感谢的。

《扬州历史文化丛书》从 1992 年开始出版，迄今已有 15 个年头，作为主编单位，《中国名城》编辑部自始至终参与组织、联络了这项工作，每个在这里工作过的同志都为这套丛书作出了自己的贡献。我在《中国名城》编辑部办公室工作期间，对这套丛书应该说也付出了很多。本书写作出版之际，这套丛书已获得江苏省地方志办公室评选“第四届省地方志丛书”的特等奖，该丛书中的《盐商与扬州》、《扬州历史名人》也曾获市政府社科著作评选的特等奖和三等奖，这些奖励是对我们工作的肯定、鼓励，也是我在名城办工作期间得到的最大欣慰、最大肯定。我相信，《扬州历史文化丛书》今后还会继续在发掘扬州历史文化内涵、整理扬州历史文化资料、推动名城保护与建设以及改造与复兴方面作出更大的贡献。广陵书社、名城办、城建档案馆以及朱国祥同志为本书提供了一些资料和图片，在此一并致谢。

最后，由于注意行文的流畅，本书引用的一些资料未能一一注明出处，给读者带来不便；写作中还存在着许多不足，这是要请读者海涵的。

高永青

2006 年 4 月 8 日